Sigmund Freuds Werke
Wiener Interdisziplinäre Kommentare

Band 8

Herausgegeben von Marlen Bidwell-Steiner, Daniela Finzi,
Patrizia Giampieri-Deutsch, Christian Huber und
Herman Westerink
in Verbindung mit dem Sigmund Freud Museum

Wissenschaftlicher Beirat:
Klaus Davidowicz, Michael Rohrwasser, Felix de Mendelssohn †,
Wolfgang Müller-Funk, August Ruhs, Elisabeth von Samsonow

Die Bände dieser Reihe sind peer-reviewed.

Sigmund Freud

Zeitgemäßes über Krieg und Tod – Warum Krieg?

herausgegeben und kommentiert von
Jacques Le Rider

V&R unipress

Vienna University Press

Sigm. Freud
MUSEUM

Gedruckt mit freundlicher Unterstützung der Sigmund Freud Privatstiftung,
der Stadt Wien Kultur und des Rektorats der Universität Wien.

Bibliografische Information der Deutschen Nationalbibliothek
Die Deutsche Nationalbibliothek verzeichnet diese Publikation in der Deutschen
Nationalbibliografie; detaillierte bibliografische Daten sind im Internet über
https://dnb.de abrufbar.

**Veröffentlichungen der Vienna University Press
erscheinen bei V&R unipress.**

© 2025 Brill | V&R unipress, Robert-Bosch-Breite 10, D-37079 Göttingen, info@v-r.de,
ein Imprint der Brill-Gruppe
(Koninklijke Brill BV, Leiden, Niederlande; Brill USA Inc., Boston MA, USA; Brill Asia Pte Ltd,
Singapore; Brill Deutschland GmbH, Paderborn, Deutschland; Brill Österreich GmbH, Wien,
Österreich)
Koninklijke Brill BV umfasst die Imprints Brill, Brill Nijhoff, Brill Schöningh, Brill Fink, Brill mentis,
Brill Wageningen Academic, Vandenhoeck & Ruprecht, Böhlau und V&R unipress.
Alle Rechte vorbehalten. Das Werk und seine Teile sind urheberrechtlich geschützt.
Jede Verwertung in anderen als den gesetzlich zugelassenen Fällen bedarf der vorherigen
schriftlichen Einwilligung des Verlages.

Umschlagabbildung: © Arnulf Rainer, no title, 2005, Sigmund Freud, 1929.
»Rainer über Freud« © Sigmund Freud Privatstiftung; s. S. 143 in diesem Buch.
Druck und Bindung: CPI books GmbH, Birkstraße 10, D-25917 Leck
Printed in the EU.

Vandenhoeck & Ruprecht Verlage | www.vandenhoeck-ruprecht-verlage.com

ISSN 2510-1269
ISBN 978-3-8471-1880-0

Inhalt

Geleitwort 7

Freuds Schriften über den Krieg – Kommentar

I *Zeitgemäßes über Krieg und Tod* 11
   1914–1915: Von der anfänglichen Begeisterung zur Ernüchterung . . . 11
   Zeitgemäßes über Krieg und Tod 13
   Wir und der Tod: Eine Vorstufe zu »Unser Verhältnis zum Tode« . . . 15
   Die zerstörten Illusionen der Kulturweltbürger 19
   »Das primitive Seelische ist im vollsten Sinne unvergänglich« 24
   »Der Tod läßt sich jetzt nicht mehr verleugnen« 26
   Der Krieg »läßt den Urmenschen in uns wieder zum Vorschein
   kommen« 30
   Wir sind im Unbewussten »wie die Urmenschen eine Rotte von
   Mördern«, die sich wie unsterblich gebärden 32
   Am Anfang der Kultur waren Gewalt und Mord. Freuds Genealogie
   der Religion und der Moral 36
   Kann man *Zeitgemäßes über Krieg und Tod* als das Zeugnis einer
   pazifistischen Gesinnung betrachten? 39
   Kriegserfahrung und Nachkriegszeit: vom »seelischen Elend der
   Daheimgebliebenen« zur »Psychologie der Kämpfer« 41

II *Warum Krieg?* 47
   Wie der Briefwechsel zwischen Einstein und Freud entstand 47
   1932, das Jahr der letzten Chance für den Frieden 50
   Einsteins Vorschläge zur Kriegsverhütung in *Warum Krieg?* –
   Eine Etappe auf dem Wege eines militanten Pazifisten 52
   Recht und Gewalt 55
   Sigmund Freuds Anthropologie des Kriegs 57
   Kein »Arzt der Kultur« 58

Über Schlafwandler, die in den Krieg ziehen	64
»Pazifisten aus organischen Gründen«	67
»Gerechte« Kriege als Herausforderungen an den Pazifismus	71
Arbeitet die Kulturentwicklung in jedem Fall für den Frieden?	72
Diktatur der Vernunft: Freuds schwarze Aufklärung in finsteren Zeiten	77
Ein Stoiker, der uns nicht lehrt, die Welt zu verändern, sondern die Welt zu ertragen	81
Editorische Vorbemerkung	83
Zeitgemäßes über Krieg und Tod (1915)	85
Editorische Vorbemerkung	107
Wir und der Tod (1915)	109
Editorische Vorbemerkung	119
Albert Einstein – Sigmund Freud, *Warum Krieg?* (1933 [1932])	121
I Albert Einstein, offener Brief vom 30. Juli 1932 an Sigmund Freud	121
II Sigmund Freud, *Warum Krieg?*	124
Bibliographie	135
Rainer über Freud	143

Geleitwort

Die Reihe »Sigmund Freuds Werke. Wiener Interdisziplinäre Kommentare« (SFW-WIK) kommentiert in mehreren, in unregelmäßigen Abständen erscheinenden Bänden das Werk Sigmund Freuds hinsichtlich seiner Aktualität im interdisziplinären Diskurs und verortet es dabei auch in seinem zeitgenössischen Wiener Kontext. Gegründet von Herman Westerink und Friedrich Schipper, der auch dieses Geleitwort mitverfasste, verfolgt diese Reihe somit drei wichtige Zielsetzungen. Erstens werden Freuds Werke nach ihrer aktuellen Bedeutung dargestellt und kritisch kommentiert. Diese aktuelle Bedeutung geht u. a. aus dem besonderen Charakteristikum der Psychoanalyse hervor, sowohl das Seelenleben des Einzelnen als auch kulturelle Phänomene aus der Perspektive einer klinischen Anthropologie zu erfassen und zu interpretieren. Zweitens hat die Reihe einen interdisziplinären Charakter: Aus den unterschiedlichen Perspektiven von Einzeldisziplinen und vor dem Hintergrund ihrer jeweiligen wissenschaftlichen Fragestellungen, Diskurse und Debatten wird in Form von wissenschaftlichen Kommentaren die aktuelle Bedeutung von Freuds Werken hervorgehoben. Drittens werden Freuds Werke in ihrem zeitgenössischen Wiener Kontext verortet. Es werden also das politische, gesellschaftliche, kulturelle, künstlerische und wissenschaftliche Wiener Umfeld skizziert, in dem die Werke Freuds entstanden sind. Keineswegs wird dabei die internationale Dimension vernachlässigt, ins Zentrum der Betrachtungen wird aber Wien als Lebens- und Schaffensmittelpunkt Freuds gerückt. Dies ist bislang noch nie in einer systematischen und umfassenden Weise geschehen und somit besteht hier eine eindeutige Publikationslücke, deren Schließung zum besseren Verständnis der Werke Freuds wesentlich beiträgt.

Die Reihe erscheint in der Vienna University Press, einem Imprint von V&R unipress. Die Wahl des Verlags ist Ausdruck der besonderen Verbundenheit zu Wien als dem primären Wirkungsort von Sigmund Freud sowie eines besonderen wissenschaftlich-universitären Anspruchs.

In Zusammenarbeit mit dem österreichischen Künstler Arnulf Rainer sind die Einbände der Reihe unter Rückgriff auf seine Serie von Übermalungen von

Portraitfotos von Sigmund Freud gestaltet. Die Fotos von Freud wurden dabei so ausgewählt, dass ihre Entstehung mit der Zeit der Erstpublikation des jeweiligen Bandes übereinstimmt.

Sigmund Freuds Werke sind bislang mannigfach und in verschiedener Weise sowie in zahlreichen Übersetzungen herausgegeben worden. Mit dieser Reihe kehren Freuds Werke nun erstmals dorthin zurück, wo sie ihren Ausgang genommen haben – nach Wien, die Stadt, die zusammen mit ihren Bewohner:innen bzw. Patient:innen Sigmund Freuds Erfahrungen, Forschungen und Publikationen geprägt hat. Um sowohl der geschichtlichen als auch der aktuellen Bedeutung gerecht zu werden, haben sich Wissenschaftler:innen verschiedener Wiener Universitäten sowie wissenschaftlicher Vereinigungen zusammengefunden und sich einer großen Aufgabe gestellt: der gemeinsamen, neu kommentierten Herausgabe von Sigmund Freuds Werken.

Marlen Bidwell-Steiner, Daniela Finzi, Patrizia Giampieri-Deutsch,
Christian Huber & Herman Westerink für das Herausgebergremium

Freuds Schriften über den Krieg – Kommentar

I   *Zeitgemäßes über Krieg und Tod*

1914–1915: Von der anfänglichen Begeisterung zur Ernüchterung

Im Sommer 1914 wird der 58 Jahre alte Sigmund Freud zuerst wie so viele Intellektuelle im Deutschen Reich und in Österreich-Ungarn von der Welle der Kriegsbegeisterung mitgerissen. Am 26. Juli 1914 – drei Tage nach der Übergabe des Ultimatums, zwei Tage vor der Kriegserklärung Österreich-Ungarns an Serbien – schreibt er aus Karlsbad, wo er sich seit Mitte Juli gemeinsam mit seiner Frau Martha zur Kur befindet, an Karl Abraham:

> »Ich fühle mich vielleicht zum ersten Mal seit dreißig Jahren als Österreicher und möchte es noch einmal mit diesem wenig hoffnungsvollen Reich versuchen. Die Stimmung ist überall eine ausgezeichnete. Das Befreiende der mutigen Tat, der sichere Rückhalt an Deutschland tut auch vieles dazu.«[1]

Doch ist diese Hochstimmung nach kurzer Zeit einem wachsenden Unbehagen gewichen. Am 23. August 1914 schreibt Freud selbstkritisch an Sándor Ferenczi:

> »Der Aufschwung der Begeisterung in Österreich hat mich zunächst mit fortgerissen. Anstelle des Wohlstands und der internationalen Praxis, die nun für lange Zeit abgetan sind, hoffte ich ein lebensfähiges Vaterland zu bekommen, aus dem der Sturm des Krieges die ärgsten Miasmen weggeweht hätte und in dem die Kinder vertrauensvoll leben könnten. Ich habe wie viele andere plötzlich meine Libido für A.U. [Austria-Ungarn] mobilisiert. [...] Allmählich stellte sich ein Unbehagen ein.«[2]

Genügt dieses Bekenntnis dazu, Freud als Pazifisten zu bezeichnen, wenn man unter Pazifismus die prinzipielle Ablehnung jedes Kriegs und die Überzeugung versteht, dass es möglich sei, bewaffnete Konflikte zu verhindern und einen dauerhaften Friedenszustand zu stiften? Als er im August 1914 erfährt, dass sein ältester Sohn Martin (1889–1967) sich als Freiwilliger auf Kriegsdauer bei den Kanonieren gemeldet hat, schreibt er ihm: »Du kannst Dir denken, daß ich es als

---
[1] Sigmund Freud / Karl Abraham, *Briefe 1907–1926*, S. 180.
[2] Sigmund Freud / Sándor Ferenczi, *Briefwechsel*, II/1, S. 65 f.

eine Vermehrung der Sorgenlast empfinde, welche dieser Krieg jedem auferlegt, aber ich will Dir das Zeugnis nicht versagen, daß Du korrekt gehandelt hast. Wenn das Schicksal Dir nicht zu ungünstig ist, wirst Du wahrscheinlich später mit Befriedigung auf Deinen Entschluß zurückschauen.«[3] In diesen Worten zeichnet sich Freuds Tendenz in *Zeitgemäßes über Krieg und Tod* ab, den Krieg als unausweichliches Schicksal und als Bewährungsprobe für jeden Einzelnen zu betrachten. Der Krieg sei nicht abzuschaffen, schreibt er dort, und da erhebe sich die Frage: »Sollen wir nicht diejenigen sein, die nachgeben und sich ihm anpassen?«[4]

Bis Ende 1914 wird Freuds Ton in seinen Briefen an Karl Abraham immer düsterer. »Es ist mir ganz unmöglich, etwas Vernünftiges zu machen. Ich lebe wie die übrigen von einem deutschen Sieg zum anderen und quäle mich inzwischen mit der Angst vor neuen Komplikationen, Neutralitätsbrüchen usw. Es scheint ja, daß die ganz unerhörten Leistungen unserer Verbündeten uns bereits gerettet haben. Es ist eine große und schreckliche Zeit.«[5] (25. 8. 1914). Am 3. September spricht Freud von »diesen Zeiten der entfesselten Bestialität.«[6] Am 30. Dezember bekennt er: »Ohnmacht und Armseligkeit waren mir immer am verhaßtesten, und ich fürchte, wir gehen jetzt beiden entgegen.«[7] Und am 25. Januar 1915 gibt er zu, dass er in Schwermut verfallen ist: »Es ist eine lange Polarnacht, und man muß warten, bis die Sonne wieder aufgeht.«[8]

In Freuds Brief vom 25. November 1914 an Lou Andreas-Salomé sind zugleich ein tiefer Pessimismus und die Ansätze zu einer theoretischen Verarbeitung der vom Krieg bewirkten Kulturkrise spürbar. Das »garstige« Benehmen der Europäer verrate, dass ihre angebliche »höchste Kultur« nur »Heuchelei« – dieses Wort wird in *Zeitgemäßes über Krieg und Tod* eine wichtige Rolle spielen – gewesen sei; das sei aber nur die »traurige« Bestätigung des von der Psychoanalyse entworfenen Menschenbilds. Von der trügerischen Hoffnung auf eine Kulturregenerierung, die Freud in seinem Brief vom 23. August 1914 an Ferenczi gehegt zu haben gestand, ist nicht mehr die Rede. Trotzdem bleibt Freud davon überzeugt, dass sich »unser deutsches Volk« in dem allgemeinen Kulturdebakel »am besten benommen hat.« In den folgenden Jahren wird Freud die Vorwürfe gegen die Deutschen, die sich im Krieg mehr als andere Völker »barbarisch« verhalten hätten, ständig zurückweisen.

---

3 Sigmund Freud, *Unterdess halten wir zusammen*, S. 137.
4 Sigmund Freud, *Zeitgemäßes über Krieg und Tod*, GW X [im Folgenden abgekürzt durch ZKT], S. 354.
5 Sigmund Freud / Karl Abraham, *Briefe 1907–1926*, S. 186.
6 Ebda, S. 188.
7 Ebda, S. 200.
8 Ebda, S. 201.

»Ich zweifle nicht daran, daß die Menschheit auch diesen Krieg verwinden wird, aber ich weiß sicher, daß ich und meine Altersgenossen die Welt nicht mehr froh sehen werden. Es ist zu garstig; das Traurigste daran aber, daß es so gerade ist, wie wir uns nach den von der Psychoanalyse geweckten Erwartungen die Menschen und ihr Benehmen vorstellen sollten. [...]. Mein geheimer Beschluß war: da wir die gegenwärtig höchste Kultur nur mit einer enormen Heuchelei behaftet sehen, so taugen wir organisch nicht für diese Kultur. Wir haben abzutreten, und der oder das große Unbekannte hinter dem Schicksal wird ein solches Kulturexperiment einmal mit einer anderen Rasse wiederholen.

Ich weiß, daß die Wissenschaft nur scheintot ist, aber die Humanität scheint wirklich tot zu sein. Ein Trost, daß unser deutsches Volk sich darin noch am besten benommen hat; vielleicht, weil es siegesgewiß ist. Der Kaufmann vor dem Bankrott ist immer ein Betrüger.«[9]

Freuds erste Verarbeitung seines Unbehagens in der Kriegs-Unkultur findet man in seinem offenen, am 17. Januar 1915 in der Amsterdamer Wochenschrift *De Amsterdammer* veröffentlichten offenen Brief vom 28. Dezember 1914 an den holländischen Psychopathologen und Literaten Frederik van Eeden. Die Vorgänge dieser Kriegszeit bestätigen zwei Grundthesen der Psychoanalyse, schreibt Freud: »Die primitiven, wilden und bösen Impulse der Menschheit [sind] bei keinem einzelnen verschwunden, sondern [bestehen] noch fort, wenngleich verdrängt, im Unbewussten [...] und [warten] auf die Anlässe, um sich wieder zu betätigen.« Und: »Unser Intellekt [ist] ein Spielball und Werkzeug unserer Triebneigungen und Affekte«, so dass »wir uns alle scharfsinnig oder schwachsinnig gebärden müssen, je nachdem unsere Einstellungen und inneren Widerstände es gebieten.«[10] Diese Thesen stehen im Zentrum des im März und April 1915 verfassten Essays *Zeitgemäßes über Krieg und Tod*.

Zeitgemäßes über Krieg und Tod

Der nächste Schritt ist 1915 *Zeitgemäßes über Krieg und Tod*. Der im März und April 1915 ins Reine geschriebene Text, dessen Titel wie ein ironisches Echo auf Nietzsches *Unzeitgemäße Betrachtungen* klingt, ist in zwei Teile gegliedert: auf den Essay »Die Enttäuschung des Krieges« folgt »Unser Verhältnis zum Tode«, die überarbeitete Fassung von »Wir und der Tod«, einem am 16. Februar 1915 vor der Loge »Wien« des israelitischen Humanitätsvereins B'nai B'rith gehaltenen Vortrag. Zwar wurden in »Unser Verhältnis zum Tode« die Stellen gestrichen oder umformuliert, die in »Wir und der Tod« an ein jüdisches Publikum gerichtet waren, doch wurde der gemeinverständliche Stil des Vortrags beibehalten, den

---
9 Sigmund Freud / Lou Andreas-Salomé, *Briefwechsel*, S. 22 f.
10 Sigmund Freud, *Brief an Frederik van Eeden*, GW, Nachtragsband, S. 697.

man als eine mit den Einsichten der Psychoanalyse bereicherte *meditatio mortis* bezeichnen kann.

Zeitgemäßes über Krieg und Tod wurde in der 1912 gegründeten, bei Hugo Heller verlegten *Imago. Zeitschrift für Anwendung der Psychoanalyse auf die Geisteswissenschaften* (Herausgeber: Sigmund Freud, Schriftleitung: Otto Rank und Hanns Sachs), Bd. IV (1915–1916), Nr. 1 (1915) veröffentlicht.

>»Heller was known above all as an aficionado of ›high‹ modernism and his publishing house and bookshop distributed above all *belles lettres*, literary biographies, art books, and, at best, vulgarizing books on science. […] In opting for Heller, […] he no longer sought exclusively to promote psychoanalysis through his journals as a science *within* academia; rather, the plan became to establish psychoanalysis as an independent science within the cultural discourse more broadly from *outside* academia.«[11]

Wegen des Kriegs bekam die Redaktion der *Imago* weniger Artikelvorschläge, und Freud fühlte sich verpflichtet, wie er am 4. März 1915 an Karl Abraham schrieb, dem Verleger Hugo Heller einen »zeitgemäßen« Aufsatz zur Verfügung zu stellen, der das öffentliche Interesse an dieser Zeitschrift wachhalten könnte. Zu diesem Zeitpunkt dachte er an ein Gelegenheitswerk, das er mit Understatement als »Gewäsch über Krieg und Tod« bezeichnete.

>»Wir wollen […] die Zeitschriften um jeden Preis in der Kriegszeit aufrecht erhalten und sie so führen, daß wir sie nachher mit Befriedigung produzieren können. Die Autoren sind aber sehr wenige. Wir werden alles allein besorgen müssen. […] Für die Imago schreibe ich sogar ein zeitgemäßes Gewäsch über Krieg und Tod, um den opferwilligen Verleger zu befriedigen. All dies geschieht natürlich mit innerem Widerstand.«[12]

Gerade weil Freud *Zeitgemäßes über Krieg und Tod* als keine streng wissenschaftliche Abhandlung betrachtete, ein breites Publikum ansprechen wollte und dabei seine »Kränkung und schmerzliche Enttäuschung wegen des unkulturellen Benehmens unserer Weltmitbürger in diesem Kriege«[13] unumwunden zum Ausdruck brachte, »waren seine Äußerungen politisch so anstößig, dass ihr Nachdruck in literarischen Zeitschriften von der Kriegszensur verhindert wurde.«[14]

---

11 Sascha Bru, Peter Buse, »Making Psychoanalysis New: Freud, Print Culture, and Modernism«, S. 403f.
12 Sigmund Freud / Karl Abraham, *Briefwechsel 1907–1925*, Bd. 2, S. 480.
13 ZKT, S. 336.
14 Thomas Anz, »Psychoanalytische Transformationen antiker Emotionstheorien«, S. 189f.

Wir und der Tod: Eine Vorstufe zu »Unser Verhältnis zum Tode«

»Der 1843 in New York nach dem Beispiel der freimaurerischen Bewegung gegründete Orden B'nai B'rith (auf deutsch: »Söhne des Bundes«) bekannte sich zum Geist der Aufklärung und zu den Werten des Humanismus und zur Bekämpfung des Antisemitismus. In Österreich hießen dessen Zweigvereinigungen »Israelitische Humanitätsvereine«.«[15] Freud hielt seinen Vortrag »Wir und der Tod« vor der 1895 gegründeten Loge »Wien« des B'nai B'rith, der er am 29. September 1897 beigetreten war. Von allen Vorträgen Freuds vor der Loge »Wien« ist »Wir und der Tod« der einzige erhaltene.[16]

In seiner am 6. Mai 1926 bei der Feier seines 70. Geburtstages verlesenen *Ansprache an die Mitglieder des Vereins B'nai B'rith* hat Freud die besondere Bedeutung seines Beitritts zu Loge »Wien« betont:

> »Die Mitteilung meiner unliebsamen Funde [hatte] den Erfolg, daß ich den größten Teil meiner damaligen menschlichen Beziehungen einbüßte; ich kam mir vor wie geächtet, von allen gemieden. In dieser Vereinsamung erwachte in mir die Sehnsucht nach einem Kreis von auserlesenen, hochgestimmten Männern, die mich ungeachtet meiner Verwegenheiten freundschaftlich aufnehmen sollten. Ihre Vereinigung wurde mir als der Ort bezeichnet, wo solche Männer zu finden seien. Daß Sie Juden sind, konnte mir nur erwünscht sein, denn ich war selbst Jude, und es war mir immer nicht nur unwürdig, sondern direkt unsinnig erschienen, es zu verleugnen.«[17]

In dieser Ansprache vom 6. Mai 1926 gab Freud eine prägnante Definition seines jüdischen Identitätsgefühls. Was ihn ans Judentum band, erklärte er, war

> »Die klare Bewusstheit der inneren Identität, die Heimlichkeit der gleichen seelischen Konstruktion. Und dazu kam die Einsicht, dass ich nur meiner jüdischen Natur die zwei Eigenschaften verdankte, die mir auf meinem schwierigen Lebensweg unerlässlich geworden waren. Weil ich Jude war, fand ich mich frei von vielen Vorurteilen, die andere im Gebrauch ihres Intellekts beschränkten, als Jude war ich dafür vorbereitet, in die

---

15 Bernd Nitzschke, »Freuds Vortrag vor dem Israelitischen Humanitätsverein »Wien« des Ordens B'nai B'rith: Wir und der Tod«, S. 97.
16 Die Liste von Freuds Vorträgen vor der Loge »Wien« wurde zum ersten Mal von Dennis B. Klein in *Jewish Origins of the Psychoanalytic Movement* aufgestellt. Erstausgabe des Vortrags »Wir und der Tod«: *Wir und der Tod, Vortrag, gehalten in der Sitzung der »Wien« am 16. Februar 1915* von Br. [= Bruder] Prof. Dr. Sigmund Freud, in *Zweimonats-Bericht für die Mitglieder der österr. israel. Humanitätsvereine B'nai B'rith*, Wien, Verlag des israel. Humanitäts-Vereines »Wien« B'nai B'rith, Bd. 18 (1915), Nr. 1, S. 41–51. Dieses Dokument wurde von Bernd Nitzschke wiederentdeckt und neu herausgegeben: Sigmund Freud, *Wir und der Tod*, Hrsg. von B. Nitzschke, in *Psyche. Zeitschrift für Psychoanalyse und ihre Anwendungen*, 45. Jg., Nr. 2, Februar 1991, S. 132–142.
17 Sigmund Freud, *Ansprache an die Mitglieder des Vereins B'nai B'rith*, GW XVII, S. 51–53, Zitat S. 51.

Opposition zu gehen und auf das Einvernehmen mit der ›kompakten Majorität‹ zu verzichten.«[18]

In »Wir und der Tod«, spricht Freud als jüdischer Psychotherapeut und Kulturphilosoph vor einem jüdischen Publikum, bei dem er keine Vorkenntnisse auf dem Gebiet der Tiefenpsychologie voraussetzen kann. Er beginnt mit der Bemerkung, dass er den Titel seines Vortrags anders hätte formulieren können: »Anstatt: »*Wir* und der Tod« könnte es heißen: »*Wir Juden* und der Tod«, denn das Verhältnis zum Tode, das ich vor Ihnen behandeln will, zeigen gerade wir Juden am häufigsten und extremsten.« Gerade die Hinweise auf bestimmte Besonderheiten der jüdischen Kultur und Mentalität, die Freud in *Wir und der Tod* streute, strich er einige Wochen später in der Druckfassung von »Unser Verhältnis zum Tode«, die sich an eine allgemeine Öffentlichkeit richtete. Diese Korrekturen brachten keine substanzielle Veränderung der im zweiten Teil von *Zeitgemäßes über Krieg und Tod* aufgestellten Thesen, da die meisten Aspekte des in *Wir und der Tod* von Freud behaupteten spezifischen Verhältnisses der Juden zum Tod nichts anderes als die Zuspitzung einer allgemeinen menschlichen Einstellung sind.

An einer anderen Stelle des Vortrags, die in *Zeitgemäßes über Krieg und Tod* nicht übernommen wurde, fragt sich Freud, warum die jüdische Religion im Unterschied zur christlichen keine »Weltreligion« werden konnte:

> »Und wenn die Erbsünde ein Verschulden gegen Gott-Vater war, so muß das älteste Verbrechen der Menschheit ein Vatermord gewesen sein, die Tötung des Urvaters der primitiven Menschenhorde, dessen Erinnerungsbild später zur Gottheit verklärt wurde. In meinem Buche ›Totem und Tabu‹ (1913) habe ich mich bemüht, die Beweise für diese Auffassung der Urschuld zu sammeln. Lassen Sie mich übrigens bemerken, daß die Lehre von der Erbsünde keine christliche Neuerung, sondern ein Stück des Urzeitglaubens ist, das sich die längste Zeit in unterirdischen religiösen Strömungen fortgesetzt hatte. Das Judentum hat diese dunklen Erinnerungen der Menschheit sorgfältig zur Seite geschoben und sich vielleicht gerade darum zur Weltreligion disqualifiziert.«[19]

Diese im Vortrag *Wir und der Tod* noch vorsichtig formulierte Hypothese hat Freud bis zuletzt beschäftigt. Am Schluss seines letzten vollendeten Hauptwerks *Der Mann Moses und die monotheistische Religion* bemerkt er noch einmal:

> »Nur ein Teil des jüdischen Volkes nahm die neue Lehre [des Paulus] an. Jene, die sich dessen weigerten, heißen noch heute Juden. Sie sind durch diese Scheidung noch schärfer von den anderen abgesondert als vorher. [...] Warum es den Juden unmöglich gewesen ist, den Fortschritt mitzumachen, den das Bekenntnis zum Gottesmord bei aller Entstellung enthielt, wäre Gegenstand einer besonderen Untersuchung. Sie haben

---

18 Ebda, S. 52.
19 Sigmund Freud, *Wir und der Tod*, siehe unten, S. 112f.

damit gewissermaßen eine tragische Schuld auf sich geladen; man hat sie dafür schwer büßen lassen.«[20]

In seinem Vortrag vor der B'nai B'rith Loge »Wien« stellt Freud die Psychoanalyse mit einer bei ihm ungewöhnlichen Formel vor: »Sie wissen vielleicht, wir sind im Besitze eines Untersuchungsverfahrens, mit dem wir eruieren können, was in den tiefen Schichten der Seele, versteckt vor dem Bewußtsein, vor sich geht, also einer Art von *Unterseepsychologie*. Wir fragen also: Wie verhält sich unser Unbewußtes zum Problem des Todes?«[21] Er vermeidet bestimmte Begriffe, von denen er annimmt, dass sie für die B'nai B'rith-Mitglieder schwer verständlich wären. Zum Beispiel gebraucht er nicht den Terminus *Ambivalenz*, der in »Unser Verhältnis zum Tode« eine wichtige Rolle spielt, und begnügt sich mit folgendem Satz: »Unser Unbewußtes ist gegen die Vorstellung des eigenen Todes ebenso unzugänglich, gegen den Fremden ebenso mordlustig, gegen die geliebte Person ebenso zwiespältig (ambivalent) wie der Mensch der Urzeit.«[22]

Die These, die Freud in »Unser Verhältnis zum Tode« auf bündige und einprägsame Weise aufstellt (»Was keines Menschen Seele begehrt, braucht man nicht zu verbieten, es schließt sich von selbst aus. Gerade die Betonung des Gebotes: Du sollst nicht töten, macht uns sicher, daß wir von einer unendlich langen Generationsreihe von Mördern abstammen, denen die Mordlust, wie vielleicht noch uns selbst, im Blute lag.«[23]) wird vor der B'nai B'rith »Wien«-Loge durch einen breit ausgeführten und unterhaltsamen Vergleich veranschaulicht:

> »Lassen Sie sich von mir in einen unserer schönen Kurorte im Süden führen. Dort gibt es Weinberge mit herrlichen Trauben. In diesen Weinbergen kommen auch Schlangen vor, dicke schwarze Schlangen, übrigens völlig harmlose Tiere, Äskulapschlangen genannt. Es gibt in diesen Weinbergen auch Verbottafeln. Wir lesen eine solche und finden auf ihr geschrieben: ›Es ist den Kurgästen strengstens verboten, Kopf oder Schwanzende einer Äskulapschlange in den Mund zu stecken.‹ Nicht wahr, Sie werden sagen: ›Ein höchst unsinniges und überflüssiges Verbot. Das fällt ja ohnedies niemandem ein.‹ Sie haben Recht. Wir lesen auch andere Verbottafeln, auf denen davor gewarnt wird, Trauben abzupflücken. Dieses Verbot werden wir besser gerechtfertigt finden. – Nein, lassen wir uns nicht irre machen. Es gibt bei uns keinen instinktiven Abscheu vor dem Blutvergießen. Wir sind die Nachkommen einer unendlich langen Generationsreihe von Mördern.«[24]

Wenn Freud etwas weiter seine These, dass wir alle »in unserem Unbewußten noch heute eine Rotte von Mördern [sind]«, und dass »unser Unbewußtes selbst für Kleinigkeiten [mordet]« durch ein Zitat von Jean-Jacques Rousseau belegt,

---

20 Sigmund Freud, *Der Mann Moses und die monotheistische Religion*, GW XVI, S. 245f.
21 Sigmund Freud, *Wir und der Tod*, siehe unten, S. 115.
22 Ebda, S. 118.
23 ZKT, S. 349f.
24 Sigmund Freud, *Wir und der Tod*, siehe unten, S. 115.

bemüht er sich um eine leicht verständliche Formulierung, indem er seinem Publikum einige Details erspart, die er in *Zeitgemäßes über Krieg und Tod* hinzufügt: den Hinweis auf Balzacs Roman *Le Père Goriot*, in dem das Rousseau-Zitat vorkommt, und den französischsprachigen Ausdruck »*tuer son mandarin*«.[25]

> »*J. J. Rousseau* unterbricht sich an einer Stelle seiner Werke – ich konnte nicht mehr ausfindig machen wo – in einer Erörterung, um eine merkwürdige Frage an seine Leser zu richten. ›Nehmen Sie an,‹ sagt er, ›in Peking befinde sich ein Mandarin,‹ – Peking war damals noch viel weiter von Paris als heute – ›dessen Ableben Ihnen große Vorteile bringen könnte, und Sie könnten ihn töten, ohne Paris zu verlassen, natürlich ohne Möglichkeit eines Nachweises Ihrer Tat, durch einen bloßen Willensakt. Sind Sie sicher, daß Sie es nicht tun würden?‹«[26]

Es fällt außerdem auf, dass Freud in *Wir und der Tod* zum Beleg für sein Diktum »In unserem Unbewußten sind wir alle noch heute eine Rotte von Mördern« einen Witz erzählt, der in *Zeitgemäßes über Krieg und Tod* nicht mehr zu lesen ist: »Sie kennen z. B. die Geschichte von dem Manne, dem in Gesellschaft ein Partezettel überbracht wird, den er ungelesen in die Tasche steckt. Wollen Sie nicht lieber nachsehen, wer da gestorben ist? fragt man ihn. Ach was, ist seine Antwort, mir ist ein jeder recht.«[27]

Ein weiterer Unterschied zwischen dem Vortrag *Wir und der Tod* und der in *Imago* abgedruckten Endfassung von *Zeitgemäßes über Krieg und Tod* fällt im Abschnitt auf, in dem Freud betont, dass »der Primitive« sich keineswegs als »reueloser Mörder« benimmt, sondern »sensitiver als der Zivilisierte, wenigstens so lange er noch nicht dem Einfluß der Zivilisation unterlegen ist«:

> »Nach glücklicher Beendigung des jetzt tobenden Weltkrieges werden die siegreichen deutschen Soldaten jeder in sein Heim, zu seinem Weib und seinen Kindern eilen, unverweilt und ungestört durch Gedanken an die Feinde, die sie getötet haben im Nahkampf oder durch fernwirkende Waffen. Aber der wilde Sieger [...] darf sein Dorf nicht betreten und sein Weib nicht sehen, ehe er seine kriegerischen Mordtaten durch oft langwierige und mühselige Bußen gesühnt hat.«[28]

Zwei Änderungen hat Freud in der *Imago*-Fassung vorgenommen: Der Satz »sensitiver als der Zivilisierte…« wurde gestrichen, und die patriotische Redewendung »die siegreichen deutschen Soldaten« wurde durch den neutraleren Ausdruck »jeder der siegreichen Kämpfer« ersetzt. Freud war sich dessen bewusst, dass die in *Wir und der Tod* implizierte Hoffnung auf einen deutschen Sieg »dem internationalen Leserpublikum nicht zugemutet werden konnte, zu dem

---

25 GW X, S. 252.
26 Sigmund Freud, *Wir und der Tod*, siehe unten, S. 116.
27 Ebda, S. 117.
28 Ebda, S. 114.

auch Angehörige der Kriegsgegner Deutschlands und Österreichs gehörten, wobei Freud an dieser Stelle bezeichnenderweise zwischen diesen beiden Ländern *nicht* trennte.«[29]

Allerdings kann man nicht behaupten, dass Freud in *Zeitgemäßes über Krieg und Tod* jede Anspielung auf das Judentum und die Auswirkungen des Kriegs auf das Schicksal der europäischen, insbesondere der deutschen und österreichischen Juden vermieden hätte. Im ersten Teil des Essays erwähnt er unter den Enttäuschungen, die der Krieg dem »Kulturweltbürger« bereitet hatte, die Infragestellung der »Toleranz« gegenüber den jüdischen Mitbürgern, die man als eine der kostbarsten Errungenschaften der Aufklärung betrachtete.

»Endlich konnte man zwar die Wahrnehmung machen, daß es innerhalb dieser Kulturnationen gewisse eingesprengte Völkerreste gäbe, die ganz allgemein unliebsam wären und darum nur widerwillig, auch nicht in vollem Umfange, zur Teilnahme an der gemeinsamen Kulturarbeit zugelassen würden, für die sie sich als genug geeignet erwiesen hatten. Aber die großen Völker selbst, konnte man meinen, hätten so viel Verständnis für ihre Gemeinsamkeiten und so viel Toleranz für ihre Verschiedenheiten erworben, daß ›fremd‹ und ›feindlich‹ nicht mehr wie noch im klassischen Altertume für sie zu einem Begriffe verschmelzen durften.«[30]

Das vom Krieg verursachte Auflodern des Antisemitismus zeigt, dass die Juden im eigenen Land als Fremde und innere Feinde betrachtet werden.

Die zerstörten Illusionen der Kulturweltbürger

Wie schon im Vortrag *Wir und der Tod* analysiert Freud in *Zeitgemäßes über Krieg und Tod* das von dem Kriegsgeschehen verursachte »seelische Elend der Daheimgebliebenen«. Im ersten Teil wird »die Enttäuschung, die dieser Krieg hervorgerufen hat«, im zweiten Teil »die veränderte Einstellung zum Tode, zu der er uns – wie alle anderen Kriege – nötigt«[31] behandelt. In beiden Teilen unterscheidet Freud »diejenigen, die selbst im Kampfe ihr Leben preisgeben«, und die anderen, »die zu Hause geblieben sind«, und beschränkt sich auf letztere Bevölkerungsgruppe: »Es wäre gewiß sehr interessant, die Veränderungen in der Psychologie der Kämpfer zu studieren, aber ich weiß zu wenig darüber. Wir müssen uns an die zweite Gruppe halten, zu der wir selbst gehören.«[32] Nach dem V. Internationalen Psychoanalytischen Kongress in Budapest am 28. und

---

29 Bernd Nitzschke, »Freuds Vortrag vor dem Israelitischen Humanitätsverein »Wien« des Ordens B'nai B'rith«, S. 116.
30 ZKT, S. 326.
31 Ebda, S. 325.
32 Ebda, S. 344.

29. September 1918, der die Kriegsneurosen zum Thema hat, wendet sich Freud der Frage erst recht zu, warum viele einberufene Männer nicht im Stande sind, ihre Pflicht als Frontkämpfer zu erfüllen, sondern psychisch zusammenbrechen.

Freud spricht als »Kulturweltbürger«[33] und bringt seine Enttäuschung darüber zum Ausdruck, dass die europäischen Kulturnationen gegeneinander einen erbitterten Krieg führen, der kein Konflikt »zwischen den primitiven und den zivilisierten Völkern« ist, »zwischen den Menschenrassen, die durch die Hautfarbe voneinander geschieden werden«, sondern zwischen »den großen weltbeherrschenden Nationen weißer Rasse, denen die Führung des Menschengeschlechts zugefallen ist«, und von denen »man erwartet hatte, daß sie es verstehen würden, Mißhelligkeiten und Interessenkonflikte auf anderem Wege zum Austrag zu bringen.«[34] Diese durchaus ethnozentrische Aussage, die auf den ersten Blick anstößig wirkt, kann man als eine Kritik an den Kolonialfantasien verstehen, die dem Kosmopolitismus der »Kulturweltbürger« wie ein unreflektierter innerer Widerspruch innewohnten.

»Der Krieg, an den wir nicht glauben wollten, brach nun aus, und er brachte die – Enttäuschung«[35] oder besser gesagt, bemerkt Freud, die Zerstörung einer Illusion. Man hatte geglaubt, »daß die bösen Neigungen des Menschen in ihm ausgerottet und unter dem Einflusse von Erziehung und Kulturumgebung durch Neigungen zum Guten ersetzt werden. [...] In Wirklichkeit gibt es keine »Ausrottung« des Bösen.«[36] Der Krieg hat die Fortschrittsidee entkräftet, die mit der Vorstellung eines parallel zum wissenschaftlichen und technischen Fortschritt einhergehenden Zivilisierungsprozesses verbunden war, und die wahre Natur der Kulturmenschen offengelegt, bei denen seit dem Kriegsausbruch eine Gewaltbereitschaft enthemmt wurde, die man bisher nur den Urmenschen, den »Primitiven«, zugetraut hatte.

Wenn der Krieg im kultivierten Menschen den Urmenschen so schnell zutage gefördert hat, kann man fragen, ob die Sittlichkeit der Europäer mehr war ein dünner Firnis:

> »Es gibt ungleich mehr Kulturheuchler als wirklich kulturelle Menschen«, schreibt Freud, »ja man kann den Standpunkt diskutieren, ob ein gewisses Maß von Kulturheuchelei nicht zur Aufrechterhaltung der Kultur unerläßlich ist, weil die bereits organisierte Kultureignung der heute lebenden Menschen vielleicht für diese Leistung nicht zureichen würde. Anderseits bietet die Aufrechterhaltung der Kultur auch auf so bedenklicher Grundlage die Aussicht, bei jeder neuen Generation eine weitergehende Triebumbildung als Trägerin einer besseren Kultur anzubahnen.«[37]

33 Ebda, S. 325f.
34 Ebda.
35 Ebda, S. 328.
36 Ebda, S. 331.
37 Ebda, S. 336.

Auffällig ist in diesen Sätzen die Wiederholung des Wortes Kultur, wobei die »Kultur« nicht durch bestimmte Formen und Inhalte, sondern als Prozess der »Triebumbildung« definiert wird, den Freud an dieser Stelle als ungenügend fortgeschritten einschätzt. Deshalb spricht er von »einer besseren Kultur«, die »anzubahnen« sei, und legt in der Folge seines Aufsatzes nahe, dass die vom Erbe der Weimarer Klassik zehrende Bildungskultur und das neuhumanistische Bildungskonzepts humboldtscher Prägung nicht ausgereicht haben, eine endgültige, nicht rückgängig zu machende Triebumbildung selbst innerhalb der »großen Kulturnation« zu bewirken, zu der er gehört, und die seit dem Kriegsausbruch »so allgemein mißliebig ist, daß der Versuch gewagt werden kann, sie als »barbarisch« von der Kulturgemeinschaft auszuschließen, obwohl sie ihre Eignung durch die großartigsten Beitragsleistungen längst erwiesen hat.«[38]

Das erwähnte Bildungskonzept ging von der Überzeugung aus, die Wilhelm von Humboldt in seinem Aufsatz »Über den Charakter der Griechen« aus dem Jahre 1806 zum Ausdruck brachte: »Die Griechen sind uns nicht bloss ein nützlich historisch zu kennendes Volk, sondern ein Ideal.«[39] In *Zeitgemäßes über Krieg und Tod* schreibt Freud, der Krieg habe die Illusion der Kulturweltbürger zerstört, die »sich einen besonderen ›Parnaß‹ und eine ›Schule von Athen‹ geschaffen« hatten, an eine internationale Kulturgemeinschaft und an die »Fortschritte im Gemeingefühl der Menschen« glaubten und den Wahn hegten, kein künftiger Krieg könne »die Entwicklung ethischer Beziehungen zwischen den Großindividuen der Menschheit, den Völkern und Staaten« unterbrechen. »Der Parnass« und »Die Schule von Athen« sind bekanntlich Fresken Raffaels in der Stanza della Segnatura des Vatikans.

Im »Parnass« werden Apoll im Kranz der Musen und berühmte antike und moderne Dichter – Homer, Vergil, Horaz, Ovid, Dante, Petrarca – dargestellt. In der »Schule von Athen« sind die Philosophen der griechischen Antike, Pythagoras und Heraklit, Sokrates, Platon und Aristoteles, Diogenes und Epikur, versammelt – eine Art bildliche Übertragung des dreibändigen Standardwerks *Griechische Denker*[40] von Theodor Gomperz, dem Philosophen und Professor für klassische Philologie an der Universität Wien, der in den siebziger und achtziger Jahren des 19. Jahrhunderts einen prägenden Einfluss auf Sigmund Freud ausgeübt hat.

Freuds hervorragende klassische Bildung kommt in dem Passus zum Vorschein, in dem er auf die griechischen Amphiktyonen, d.h. die Städtebünde, die sich zum Schutz eines gemeinsamen Heiligtums bildeten, anspielt.

---

38 Ebda, S. 329.
39 Wilhelm von Humboldt, »Über den Charakter der Griechen«, S. 64.
40 Theodor Gomperz, *Griechische Denker. Eine Geschichte der antiken Philosophie*, Bd. 1, 1896; Bd. 2, 1902; Bd. 3; 1909.

»Wie stellte man sich einen [...] Krieg vor, wenn es dazu kommen sollte? Als eine Gelegenheit die Fortschritte im Gemeingefühle der Menschen aufzuzeigen seit jener Zeit, da die griechischen Amphiktyonen verboten hatten, eine dem Bündnisse angehörige Stadt zu zerstören, ihre Ölbäume umzuhauen und ihr das Wasser abzuschneiden. [...] Der Krieg, an den wir nicht glauben wollten, brach nun aus und er brachte die – Enttäuschung.«[41]

Die Illusion, die Kulturmenschheit des 20. Jahrhunderts hätte das in der griechischen Antike eingeübte Modell der Amphiktyonen zu einem höheren Kriegsvölkerrecht weiterentwickelt, wurde, das ist Freuds Befund, vom Kriegsgeschehen seit dem Sommer 1914 zerstört.

Zeugte aber die Bewunderung der Gebildeten für die griechischen Amphiktyonen nicht schon von einer Illusion über die griechische Kriegskultur? In diesem Punkt zeigte sich Nietzsche viel nüchterner, als er in *Homers Wettkampf*, einem Aufsatz aus dem Jahre 1872, schrieb: »Wenn der Sieger, in einem Kampf der Städte, nach dem *Rechte* des Krieges, die gesammte männliche Bürgerschaft hinrichtet und alle Frauen und Kinder in die Sklaverei verkauft, so sehen wir, in der Sanktion eines solchen Rechtes, dass der Grieche ein volles Ausströmenlassen seines Hasses als ernste Nothwendigkeit erachtete.«[42]

Seit Kriegsausbruch wurde die von der neuhumanistischen Bildungskultur erreichte »Umbildung des Trieblebens zum Guten« selbst innerhalb der gebildeten Eliten so schnell rückgängig gemacht, dass Freud zu folgendem melancholischen Schluss kommt: »Wir aber werden [...] gewiß durch unseren Optimismus verführt [...], die Anzahl der kulturell veränderten Menschen arg zu überschätzen. Die Kulturgesellschaft, die die gute Handlung fordert und sich um die Triebbegründung nicht kümmert, hat eine große Zahl von Menschen zum Kulturgehorsam gewonnen, die dabei nicht ihrer Natur folgen.«[43]

Im Krieg fordert dieselbe »Kulturgesellschaft« von den Frontkämpfern nicht mehr die »gute Handlung«, sondern die Bereitschaft, den Feind zu töten. Die Parole ist nun »Krieg für die Kultur.«[44]. Im Namen der Kultur, die »durch Verzicht auf Triebbefriedigung gewonnen worden ist«[45], wird im Krieg nicht mehr die Unterdrückung, sondern die Freisetzung der Aggressions- und Destruktionstriebe gegen den Feind gefordert. Und diese Freisetzung kann umso schneller und leichter erfolgen, als »der Druck der Kultur« in Friedenszeit wenig an »der Bereitschaft der gehemmten Triebe, bei passender Gelegenheit zur Befriedigung

---

41 ZKT, S. 328.
42 Friedrich Nietzsche, KSA, Bd. 1, S. 784.
43 ZKT, S. 334f.
44 Vgl. Olivier Agard und Barbara Beßlich (Hrsg.), *Krieg für die Kultur? Une guerre pour la civilisation? Intellektuelle Legitimationsversuche des Ersten Weltkriegs in Deutschland und Frankreich (1914–1918)*, Berlin-Bern-Brüssel, etc. Peter Lang, 2018.
45 ZKT, S. 333.

durchzubrechen«⁴⁶ ändert. Deshalb betrachtet Freud die Mehrheit seiner Zeitgenossen als Kulturheuchler, denen der Krieg die Gelegenheit bietet, »ihren zurückgehaltenen Trieben vorübergehend Befriedigung zu gönnen.«⁴⁷

Im Krieg wird offensichtlich, »was sich [dem einzelnen Volksangehörigen] gelegentlich schon in Friedenszeiten aufdrängen wollte, daß der Staat dem Einzelnen den Gebrauch des Unrechts untersagt hat, nicht weil er es abschaffen, sondern weil er es monopolisieren will wie Salz und Tabak.«⁴⁸ Die kriegführenden Staaten geben sich jede Gewalttätigkeit, jeden Betrug, jede Lüge frei, und »die Lockerung aller sittlichen Beziehungen zwischen den Großindividuen der Menschheit« wirkt »auf die Sittlichkeit der Einzelnen« zurück, die sich zu Gewalttaten erkühnen, »deren Möglichkeit man mit ihrem kulturellen Niveau für unvereinbar gehalten hätte.«⁴⁹

Es fällt auf, dass Freud die der Menschennatur inhärente Neigung zur Aggression und Destruktion für die Ursache des Kriegs hält. Führt ihn diese anthropologische Betrachtungsweise dazu, die Bedeutung anderer politischen, wirtschaftlichen und ideologischen Faktoren über Gebühr zu unterschätzen? Am Schluss des ersten Teils von *Zeitgemäßes über Krieg und Tod* rechtfertigt er seine Herangehensweise an die Frage nach den Ursachen des Kriegs: »Die Völker gehorchen ihren Leidenschaften derzeit weit mehr als ihren Interessen. Sie bedienen sich höchstens der Interessen, um die Leidenschaften zu *rationalisieren*; sie schieben ihre Interessen vor, um die Befriedigung ihrer Leidenschaften begründen zu können.«⁵⁰

Clausewitz definierte den Krieg als

> »zusammengesetzt aus der ursprünglichen Gewaltsamkeit seines Elements, dem Haß und der Feindschaft, die wie ein blinder Naturtrieb anzusehen sind, aus dem Spiel der Wahrscheinlichkeiten und des Zufalls, die ihn zu einer freien Seelentätigkeit machen, und aus der untergeordneten Natur eines politischen Werkzeugs, wodurch er dem bloßen Verstande anheimfällt«.⁵¹

Von diesen drei Komponenten – den Leidenschaften, der »Kriegskunst« der Strategen und dem politischen Kalkül – betrachtet Freud die erste als übergeordnet und die andere beiden als bloße Verhüllungen und Verkleidungen des »blinden Naturtriebs«.

Ein anderes Phänomen ist Freud aufgefallen, und zwar »die logische Verblendung, die dieser Krieg oft gerade bei den besten unserer Mitbürger hervor-

---

46 Ebda, S. 335f.
47 Ebda, S. 336.
48 Ebda, S. 329f.
49 Ebda, S. 330.
50 Ebda, S. 340.
51 Carl von Clausewitz, *Vom Kriege*, S. 213.

gezaubert hat. [...] Die scharfsinnigsten Menschen [benehmen sich] plötzlich einsichtslos wie Schwachsinnige.«[52] Freud gibt an dieser Stelle Shakespeare Recht, der z. B. in *Heinrich IV., Teil 1* zeigte, »logische Argumente seien ohnmächtig gegen affektive Interessen, und darum sei das Streiten mit Gründen, die nach Falstaffs Wort so gemein sind wie Brombeeren, in der Welt der Interessen so unfruchtbar.«[53]

Wenn er die Enttäuschung des Kulturweltbürgers über seine Zeitgenossen, die sich im Krieg nicht mehr als wirklich kulturelle Menschen, sondern als Kulturheuchler und als verblendete Toren benehmen, und über die kriegführenden Staaten, die sich jedes Unrecht und jede Gewalttätigkeit freigeben, zum Ausdruck bringt, steht Freud in der Tradition der entlarvenden Moralkritik, die wie die französischen Moralisten, z. B. La Rochefoucauld, jene egoistischen Motive und finsteren Triebe aufdecken, die das vermeintlich moralische Empfinden und Handeln leiten. Freuds genuin psychoanalytischer Beitrag beginnt in den letzten Seiten des ersten Teils von *Zeitgemäßes über Krieg und Tod*, wenn er betont, dass »jede frühere [seelische] Entwicklungsstufe neben der späteren, die aus ihr geworden ist, erhalten bleibt,«[54] und wird im zweiten Teil fortgesetzt, wenn er die Beziehung des Urmenschen zum Tode zu beschreiben unternimmt[55] und zum Schluss kommt, dass unser Unbewusstes sich zum Problem des Todes »fast genau so wie der Urmensch«[56] verhält.

»Das primitive Seelische ist im vollsten Sinne unvergänglich«

Um »das Verständnis der Veränderung, die der Krieg an unseren früheren Kompatrioten zeigt, noch [zu] vertiefen«[57], beginnt Freud damit, die psychoanalytische Theorie der seelischen Entwicklung zusammenzufassen.

> »Wenn ein Dorf zur Stadt, ein Kind zum Mann heranwächst, so gehen dabei Dorf und Kind in Stadt und Mann unter. [...] Anders geht es bei einer seelischen Entwicklung zu. [...] Jede frühere Entwicklungsstufe [bleibt] neben der späteren, die aus ihr geworden ist, erhalten; die Sukzession bedingt eine Koexistenz mit, obwohl es doch dieselben Materialien sind, an denen die ganze Reihenfolge von Veränderungen abgelaufen ist.«[58]

---

52 ZKT, S. 339.
53 Ebda. Freud zitiert hier die Worte von Sir John Falstaff in Shakespeares *Heinrich IV., Teil 1*, II, 4: »If reasons were as plentiful as blackberries, I would give no man a reason upon compulsion.«
54 Ebda, S. 333.
55 Ebda, S. 345 ff.
56 Ebda, S. 350.
57 Ebda, S. 337.
58 Ebda.

Der frühere seelische Zustand kann jederzeit wiederhergestellt werden, »als ob alle späteren Entwicklungen annulliert, rückgängig gemacht worden wären.«[59] Jedoch ist nicht jede Rückbildung, bzw. Regression reversibel, »denn es kommt wohl vor, daß eine spätere und höhere Entwicklungsstufe, die verlassen wurde, nicht wieder erreicht werden kann. Aber die primitiven Zustände können immer wiederhergestellt werden; das primitive Seelische ist im vollsten Sinne unvergänglich.«[60]

Freud erwähnt zwei andere Fälle der psychischen Regression: die Geisteskrankheit, die er als Rückkehr zu früheren Zuständen des Affektlebens definiert, und den Schlafzustand, den Traum, der eine Regression des Gefühlslebens zu frühesten, vormoralischen Entwicklungsstufen möglich macht. Wie die Geisteskrankheit, wie der Traum bewirkt der Krieg eine Regression auf primitive seelische Zustände: »Es kann [...] die Triebumbildung, auf welcher unsere Kultureignung beruht, durch Einwirkungen des Lebens – dauernd oder zeitweilig – rückgängig gemacht werden. Ohne Zweifel gehören die Einflüsse des Krieges zu den Mächten, welche solche Rückbildung erzeugen können.«[61]

Geschieht diese regressive Triebumbildung »dauernd oder zeitweilig?« Freud gibt auf diese Frage eine relativ optimistische Antwort, indem er den Vergleich der Kriegszeit mit einem Traum – das Wort Albtraum scheint hier angemessener – nahelegt. »Mit jedem Einschlafen [werfen wir] unsere mühsam erworbene Sittlichkeit wie ein Gewand von uns – um es am Morgen wieder anzutun«[62], schreibt er. Und es dürfte mit den im Krieg verstrickten Kulturmenschen in der gleichen Weise geschehen: wir brauchen, meint Freud, »nicht allen jenen, die sich gegenwärtig unkulturell benehmen, die Kultureignung abzusprechen, und dürfen erwarten, daß sich ihre Triebveredlung in ruhigeren Zeiten wieder herstellen wird.«[63]

Dieser beruhigenden Prognose Freuds, die im Frühjahr 1915 gerade noch glaubhaft war, widerspricht seine schon zitierte Aussage, »es kommt wohl vor, daß eine spätere und höhere Entwicklungsstufe, die verlassen wurde, nicht wieder erreicht werden kann.« Diese von dem Ersten Krieg bewirkte kulturelle Regression bezeichnet George M. Mosse als Brutalisierung der gesellschaftlichen Verhältnisse.[64] Karl Kraus gibt 1920 in der *Fackel* ein eindrucksvolles Beispiel von der Brutalisierung eines ehemaligen Frontkämpfers:

---

59 Ebda.
60 Ebda.
61 Ebda, S. 338.
62 Ebda.
63 Ebda.
64 George L. Mosse, »The Brutalization of German Politics«, in G. L. Mosse, *Fallen Soldiers. Reshaping the Memory oft the World Wars*, S. 159–181.

»Vor dem Salzburger Schwurgericht stand ein Knecht wegen Raubmordes an einer Häuslerin. Auf den Vorwurf des Vorsitzenden, daß er wegen hundertzwanzig Kronen ein Menschenleben vernichtet habe, sagte der Mörder: ›Ich habe im Krieg das Morden gelernt, so daß es mir zur zweiten Natur geworden ist. Ich habe auch keine Gewissensbisse mehr empfunden.‹ Er stand für die Menschheit vor dem Schwurgericht; ihr ist der Weltkrieg zur zweiten Natur geworden, aber sie weiß es nicht so gut wie jener, der sich noch an die erste erinnern kann.«[65]

»Der Tod läßt sich jetzt nicht mehr verleugnen«

Im zweiten Teil von *Zeitgemäßes über Krieg und Tod* behandelt Freud die unter seinen Zeitgenossen vorherrschende »kulturell-konventionelle Einstellung gegen den Tod«[66], die er als nicht aufrichtig bezeichnet. Diese konventionelle Behandlung habe der Krieg hinweggefegt: »Der Tod läßt sich jetzt nicht mehr verleugnen; man muß an ihn glauben. Die Menschen sterben wirklich, auch nicht mehr einzeln, sondern viele, oft Zehntausende an einem Tage.«[67] Und er fügt eine Bemerkung hinzu, die dem Leser als etwas befremdlich vorkommen mag: »Das Leben ist freilich wieder interessant geworden, es hat seinen vollen Inhalt wiederbekommen.«[68]

»Wenn man uns anhörte, so waren wir natürlich bereit zu vertreten, daß der Tod der notwendige Ausgang alles Lebens sei, daß jeder von uns der Natur einen Tod schulde und vorbereitet sein müsse, die Schuld zu bezahlen, kurz, daß der Tod natürlich sei, unableugbar und unvermeidlich.«[69] Hier wird die Erwiderung von Prince Henry auf Falstaff, der ihn um Schutz in der bevorstehenden Schlacht gebeten hat, in Shakespeares *Heinrich IV. Teil 1*, V, 1, paraphrasiert: »Why, thou owest God a death«, wobei Freud »Gott« durch »die Natur« ersetzt.

Obwohl jedermann den Tod als das unausweichliche Ende des Lebens anerkennt, glaubt im Grunde niemand an seinen eigenen Tod »oder, was dasselbe ist: Im Unbewußten [ist] jeder von uns von seiner Unsterblichkeit überzeugt«[70], meint Freud.

In *Jenseits des Lustprinzips* (1920) wird Freud noch deutlicher sprechen: »Das Ziel alles Lebens ist der Tod [...] Das Leblose war früher da als das Lebende.«[71] Selbst wenn unser Verstand dieses Naturgesetz anerkennt, sträubt sich unsere Affektivität gegen diese Einsicht.

---

65 Karl Kraus, »Klarstellung«, in *Die Fackel*, Nr. 554–556, November 1920, S. 1–5, Zitat S. 4.
66 ZKT, S. 342.
67 Ebda, S. 344.
68 Ebda.
69 Ebda, S. 341.
70 Ebda.
71 Sigmund Freud, *Jenseits des Lustprinzips*, GW XIII, S. 40.

»Wenn man schon selbst sterben und vorher seine Liebsten durch den Tod verlieren soll, so will man lieber einem unerbittlichen Naturgesetz, der hehren Ἀνάγκη, erlegen sein, als einem Zufall, der sich noch hätte vermeiden lassen. Aber vielleicht ist dieser Glaube an die innere Gesetzmäßigkeit des Sterbens auch nur eine der Illusionen, die wir uns geschaffen haben, ›um die Schwere des Daseins zu ertragen‹[72]. Ursprünglich ist er sicher nicht, den primitiven Völkern ist die Idee eines ›natürlichen Todes‹ fremd; sie führen jedes Sterben unter ihnen auf den Einfluß eines Feindes oder eines bösen Geistes zurück.«[73]

Auch über den Tod anderer Personen ist es schwer, ganz offen und unverblümt zu sprechen. »Wenn das Sterben eine der uns nahestehenden Personen, einen Eltern- oder Gattenteil, ein Geschwister, Kind oder teuren Freund getroffen hat […]; begraben [wir] mit ihm unsere Hoffnungen, Ansprüche, Genüsse, lassen uns nicht trösten und weigern uns, den Verlorenen zu ersetzen. Wir benehmen uns dann wie eine Art von Asra, welche *mitsterben, wenn die sterben, die sie lieben.*«[74] Der kursiv gesetzte Satzteil ist eine Abwandlung der letzten Zeile des Gedichts »Der Asra« von Heinrich Heine (1846 geschrieben; 1851 in den *Romanzero* aufgenommen), das Freud nicht ausdrücklich zitiert. In diesem Gedicht fragt die Sultantochter den jungen Sklaven, der sie täglich »um die Abendzeit am Springbrunn« erspäht, nach seinem Namen und seiner Herkunft: »Und der Sklave sprach: ›Ich heiße Mohamet / und bin aus Yemen, / und mein Stamm sind jene Asra, / welche sterben, wenn sie lieben.‹« Der Sinn des letzten Verses wird von Freud verändert. In Heines Gedicht ist von »mitsterben« nicht die Rede, der Sklave allein ist wegen seiner Liebe dem Tode geweiht.

Auf diese moralsatirische Schilderung »unseres Verhältnisses zum Tode«, den der zeitgenössische Kulturmensch »totzuschweigen versucht«[75], indem er den Spruch *omnes morimur* nur scheinbar akzeptiert, im Unbewussten aber verneint, geht Freud zu Betrachtungen über, die mancher Leser als überraschend, ja sogar als verwirrend und anfechtbar empfinden mag.

»Das Leben verarmt, es verliert an Interesse, wenn der höchste Einsatz in den Lebensspielen, eben das Leben selbst, nicht gewagt werden darf. Es wird so schal, gehaltlos wie etwa ein amerikanischer Flirt; bei dem es von vornherein feststeht, daß nichts vorfallen darf, zum Unterschied von einer kontinentalen Liebesbeziehung, bei welcher beide Partner stets der ernsten Konsequenzen eingedenk bleiben müssen. […] Wir getrauen uns nicht, eine Anzahl von Unternehmungen in Betracht zu ziehen, die gefährlich, aber eigentlich unerläßlich sind wie Flugversuche, Expeditionen in ferne Länder, Experimente mit explodierbaren Substanzen. […] Und doch hat der Wahl-

---

72 Zitat aus Schiller, *Die Braut von Messina*, I. Akt, 8. Auftritt: Der Chor: »Etwas fürchten und hoffen und sorgen / Muß der Mensch für den kommenden Morgen, / Daß er die Schwere des Daseins ertrage.«
73 Ebda, S. 47.
74 ZKT, S. 342 f.
75 Ebda, S. 341.

spruch der Hansa gelautet: *Navigare necesse est, vivere non necesse!* Seefahren muß man, leben muß man nicht.«[76]

Umso irritierender ist dieser Passus, als Freud auf der nächsten Seite über die vom Krieg geänderte allgemeine Stimmung bemerkt:

> »Der Tod läßt sich jetzt nicht mehr verleugnen; man muß an ihn glauben. Die Menschen sterben wirklich, auch nicht mehr einzeln, sondern viele, oft Zehntausende an einem Tage. Er ist auch kein Zufall mehr. Es scheint freilich noch zufällig, ob diese Kugel den einen trifft oder den andern; aber diesen anderen mag leicht eine zweite Kugel treffen, die Häufung macht dem Eindruck des Zufälligen ein Ende. Das Leben ist freilich wieder interessant geworden, es hat seinen vollen Inhalt wieder bekommen.«[77]

Der Satz »Das Leben ist freilich wieder interessant geworden« wirkt wir ein Echo auf die vorhin zitierte Stelle: »Das Leben verarmt, es verliert an Interesse, wenn der höchste Einsatz in den Lebensspielen, eben das Leben selbst, nicht gewagt werden darf.« Meinte Freud wirklich, der Krieg habe das Leben »wieder interessant« gemacht? Sah er den Krieg wie Ernst Jünger als ein großes Abenteuer und als die »unvergleichliche Schule«, in der »das Leben sich in seiner höchsten Flutung und in seinen äußersten Möglichkeiten [darbot]«[78]? Es fällt außerdem auf, dass Freud hier die Perspektive seines Essays ändert, indem er nicht mehr »das seelische Elend der Daheimgebliebenen« analysiert, sondern ein Stück »Psychologie der Kämpfer« versucht, obwohl er am Anfang einbekannte, dass er darüber zu wenig wisse.

Wenn das Leben selbst nicht gewagt werden darf, wird es »so schal, gehaltlos wie etwa ein amerikanischer Flirt«, bei dem nichts vorfallen darf, im Gegensatz zu einer kontinentalen Liebesbeziehung, bei welcher »die ernsten Konsequenzen« in Kauf genommen werden. Um welche ernsten Konsequenzen es sich dabei handelt, sagt Freud nicht. Bernd Nitzschke bemerkt zum Thema »amerikanischer Flirt«:

> »Dem *Flirt* (=Amerika =Zukunft) wird die *Liebe* (=Europa =Vergangenheit) gegenübergestellt. Modernität, symbolisiert durch ›Amerika‹, bedeutet Verlust. Die Auffassung, daß der Fortschritt vom Lustprinzip zum Realitätsprinzip, also der Zivilisationsprozeß, einen Zugewinn an *Sicherheit* auf Kosten des Verlustes an *Leidenschaftlichkeit* mit sich bringe, gehört im übrigen zu Freuds Grundüberzeugungen.«[79]

---

76 Ebda, S. 343.
77 Ebda, S. 344. Im Satzteil »... ob diese Kugel den einen trifft oder den andern« kann man eine Anspielung auf die zweite Strophe von Ludwig Uhlands *Der gute Kamerad* (»Ich hatt' einen Kameraden...«; 1809) erkennen: »Eine Kugel kam geflogen, / Gilt's mir oder gilt es dir? / Ihn hat es weggerissen.«
78 Ernst Jünger, *Das abenteuerliche Herz* (1929), S. 94.
79 Bernd Nitzschke, »Freuds Vortrag vor dem Israelitischen Humanitätsverein »Wien« des Ordens B'nai B'rith«, S. 112.

Der moderne Kulturmensch habe den Mut zu riskanten Unternehmungen verloren und suche »in der Welt der Fiktion, in der Literatur, im Theater Ersatz suchen für die Einbuße des Lebens. Dort finden wir noch Menschen, die zu sterben verstehen, ja die es auch zustande bringen, einen anderen zu töten.«[80]

Nach seinem Exkurs zum Thema amerikanischer Flirt vs. kontinentale Liebe zieht Freud folgenden Schluss: »Wir getrauen uns nicht, eine Anzahl von Unternehmungen in Betracht zu ziehen, die gefährlich, aber eigentlich unerläßlich sind [...]. Und doch hat der Wahlspruch der Hansa gelautet: *Navigare necesse est, vivere non necesse!* Seefahren muß man, leben muß man nicht.« Der Spruch der Hansa ist dem Leben des Pompeius von Plutarch, Kapitel 50, entlehnt. Dort erzählt Plutarch, wie Pompeius, der beauftragt war, Weizen nach Rom zu bringen, gerade lossegeln wollte, als sich ein so starker Wind erhob, dass die Steuerleute zögerten. Pompeius stieg als erster an Bord, befahl, den Anker zu lichten, und rief: »Schiffahrt treiben ist notwendig, leben ist nicht notwendig (Πλεῖν ἀνάγκη, ζῆν οὐκ ἀνάγκη).«[81]

Dieser Spruch war allgemein bekannt. Er wurde z. B. von Kaiser Wilhelm II. am 18. Oktober 1893 anlässlich der feierlichen Enthüllung des Kaiser-Wilhelm-Denkmals in Bremen zitiert: »Möge Bremens Handel im Schatten des Friedens sich entwickeln, blühen und gedeihen, eingedenk der großen Tage der alten Hansa, deren Wahlspruch nicht nur Sie, sondern wir alle stets eingedenk sein müssen, wenn wir auf dem Weltmarkt vorwärts kommen wollen: *Navigare necesse est, vivere non est necesse.*«[82]

In *Wir und der Tod*, dem Vortrag Freuds vor der Loge »Wien« des Ordens B'nai B'rith, wurde das gleiche Thema auf andere Weise artikuliert.

»Unsere Gefühlsbindungen, die unerträgliche Intensität unseres Schmerzes machen uns feige, geneigt, Gefahren zu vermeiden für uns und die unserigen. [...] Sie kennen den Wahlspruch der Hansa: *Navigare necesse est, vivere non necesse* (Seefahren muß man, leben muß man nicht). Nehmen Sie dagegen, was eine unserer so charakteristischen jüdischen Anekdoten erzählt, wie der Sohn von einer Leiter herabfällt, bewußtlos liegen bleibt, und die Mutter zum Rabbiner läuft um Rat und Hilfe. Sagen Sie mir, fragt der Rabbi, wie kommt ein jüdisch Kind auf eine Leiter?«[83]

Für den Rabbi als Hüter des Gesetzes und der gesellschaftlichen Norm »sollte die *Bindung* der (jüdischen) Mutter an das Kind so eng, so stark sein, daß sich das Kind nicht zu weit von der Mutter entfernt, nicht auf die ›Leiter‹ steigt, die die Gefahr des Lebens außerhalb der engen Bindung zwischen der Mutter und dem

---

80 ZKT, S. 343.
81 Plutarque, *Vie de Pompée*, Paris, Hachette (Les auteurs grecs), 1845, S. 228.
82 »Enthüllung des Denkmals Kaiser Wilhelms I. in Bremen«, in *Reden Kaiser Wilhelms II. in den Jahren 1888–1895*, Hrsg. von Johannes Penzler, Leipzig, Reclam, 1896, S. 253f. Zitat S. 254.
83 Sigmund Freud, *Wir und der Tod*, siehe unten, S. 111.

Kind, außerhalb der familiären Beziehungen symbolisiert.« Der im Wahlspruch der Hansa verdichtete Argumentationszusammenhang legt aber nahe, dass selbst ein jüdisches Kind »überhaupt auf die ›Leiter‹ steigen sollte, um sich von der Mutter zu *lösen*.«[84]

Der Krieg »läßt den Urmenschen in uns wieder zum Vorschein kommen«

Am Ende des ersten Teils »Die Enttäuschung des Kriegs« fasste Freud sein Modell seelischer Entwicklungen zusammen, das auf Prinzipien gegründet ist: Die Ontogenese rekapituliert die Phylogenese und »die Sukzession bedingt eine Koexistenz.«[85] Die »außerordentliche Plastizität der seelischen Entwicklungen« kann man »als eine besondere Fähigkeit zur Rückbildung – Regression – bezeichnen.«[86]

Im zweiten Teil »Unser Verhältnis zum Tode« geht Freud von dem Befund aus, dass »wir unser bisheriges Verhältnis zum Tode nicht aufrecht halten können und ein neues noch nicht gefunden haben«[87], und er fügt hinzu: »Vielleicht hilft es uns dazu, wenn wir unsere psychologische Untersuchung auf zwei andere Beziehungen zum Tode richten, auf jene, die wir dem Urmenschen, dem Menschen der Vorzeit zuschreiben dürfen, und jene andere, die in jedem von uns noch erhalten ist, aber sich unsichtbar für unser Bewußtsein in tieferen Schichten unseres Seelenlebens verbirgt.«[88] Auf den folgenden Seiten weist Freud auf sein Buch *Totem und Tabu* aus dem Jahre 1913 mehrmals hin, dessen Untertitel *Einige Übereinstimmungen im Seelenleben der Wilden und der Neurotiker* hieß. Es wird also darum gehen, einige Übereinstimmungen im Seelenleben der Urmenschen und der modernen Kulturmenschen in ihrem Verhältnis zum Tode herauszustellen.

In *Zeitgemäßes über Krieg und Tod* ist »der Urmensch« kein geschichtswissenschaftlicher Begriff. Er verkörpert das Ursprüngliche[89], das Primitive[90], den

---

84 Bernd Nitzschke, »Freuds Vortrag vor dem Israelitischen Humanitätsverein »Wien« des Ordens B'nai B'rith«, S. 113.
85 ZKT, S. 337
86 Ebda.
87 Ebda, S. 344.
88 Ebda, S. 344f
89 Vgl. Ebda, S. 333: »Man darf endlich annehmen, daß aller innere Zwang, der sich in der Entwicklung des Menschen geltend macht, ursprünglich, d. h. in der *Menschheitsgeschichte* nur äußerer Zwang war.«
90 Vgl. Ebda, S. 337: »die primitiven Zustände«; »das primitive Seelische«; S. 346: »die Tötung des Urvaters der primitiven Menschenhorde.«

Urzustand[91], das nicht näher definierte »Urgeschichtliche« und »Urzeitliche«[92]. Dabei drängt sich den Leser/innen die Frage auf, wie Freud nachzeichnen kann, »wie sich der Mensch der Vorzeit gegen den Tod verhalten«[93] hat. Dies »wissen wir natürlich nur durch Rückschlüsse und Konstruktionen, aber ich meine, daß diese Mittel uns ziemlich vertrauenswürdige Auskünfte ergeben haben.«[94] Diese Auskünfte findet Freud, wie er in der *Traumdeutung* schreibt, in den »dunklen Nachrichten, die in Mythologie und Sage aus der Urzeit der menschlichen Gellschaft auf uns gekommen sind«[95], und wie er in der Einleitung von 1912 zum ersten Teil von *Totem und Tabu* erklärt, in der »durch die Einsichten der Psychoanalyse aufgehellten« Völkerpsychologie und den Arbeiten von »Mythenforschern, Religionspsychologen, Ethnologen und Linguisten.«[96] Freuds Leitgedanke ist, dass sich die Mentalität des Urmenschen, wie man sie mithilfe der ethnologischen Erforschung der »primitiven Völker« rekonstruieren kann, im Unbewussten der modernen Kulturmenschen latent erhalten hat, und dass der Urmensch der unheimliche, im Unbewussten schlummernde Doppelgänger ist, der unter bestimmten Umständen, z. B. im Krieg, die Oberhand über das Verhalten des Kulturmenschen gewinnen kann.

In mancher Hinsicht kann man »Unser Verhältnis zum Tode« als die konzise Zusammenfassung einiger Thesen lesen, die in *Totem und Tabu*[97] ausführlicher vorgetragen werden: die Annahme einer Urschuld, bzw. Erbsünde, die auf den Mord am Urvater der primitiven Menschenhorde zurückgehe; das Gesetz der Gefühlsambivalenz gegen geliebte Personen; die Idee, ein so starkes Verbot wie »Du sollst nicht töten« könne sich nur gegen eine ebenso starke Mordlust richten; Geister, Gespenster und Dämonen als Erinnerungsbilder von Toten; die Allmacht der Gedanken beim Kind und bei den Primitiven. In dieser gedrängten Kürze wirkt der von Freud dem zeitgenössischen Kulturmenschen gegenübergestellte Urmensch als die Hauptfigur einer prähistorischen Erzählung (die erfolgreiche

---

91 Vgl. Ebda, S. 354: »Unser Unbewußtes ist gegen die Vorstellung des eigenen Todes ebenso unzugänglich, gegen den Fremden ebenso mordlustig, gegen die geliebte Person ebenso zwiespältig (ambivalent) wie der Mensch der Urzeit. Wie weit haben wir uns aber in der konventionell-kulturellen Einstellung gegen den Tod von diesem Urzustand entfernt!«
92 Vgl. Ebda, S. 345: »Die Urgeschichte der Menschheit ist denn auch vom Morde erfüllt«; »Das dunkle Schuldgefühl, unter dem die Menschheit seit Urzeiten steht, das sich in manchen Religionen zur Annahme einer Urschuld, einer Erbsünde, verdichtet hat, ist wahrscheinlich der Ausdruck einer Blutschuld, mit welcher sich die urzeitliche Menschheit beladen hat.«
93 Ebda, S. 345.
94 Ebda.
95 Sigmund Freud, *Die Traumdeutung*, GW II/III, S. 262.
96 Sigmund Freud, »Über einige Übereinstimmungen im Seelenleben der Wilden und der Neurotiker. I. Die Inzestscheu – Einleitung« (März 1912, *Imago* 1 (1), S. 17), in *Totem und Tabu*, Hrsg. von Herman Westerink, (Sigmund Freuds Werke. Wiener interdisziplinäre Kommentare, Bd. 1), S. 57.
97 Auf *Totem und Tabu* wird in fünf Fußnoten verwiesen: ZKT, S. 346, 347, 349, 350, 352.

urgeschichtliche Fiktion von J. H. Rosny aîné, *La Guerre du feu, Der Kampf um das Feuer*[98], in der die Abenteuer einer Gruppe von Neandertalern erzählt werden, erschien 1909, vier Jahre vor *Totem und Tabu*).

Wir sind im Unbewussten »wie die Urmenschen eine Rotte von Mördern«, die sich wie unsterblich gebärden

»Unser Unbewußtes mordet selbst für Kleinigkeiten; wie die alte athenische Gesetzgebung des D r a k o n kennt es für Verbrechen keine andere Strafe als den Tod. [...] So sind wir auch selbst, wenn man uns nach unseren unbewußten Wunschregungen beurteilt, wie die Urmenschen eine Rotte von Mördern.«[99] Hier wird die Urzeit der Urmenschen mit der archaischen Epoche Griechenlands gleichgesetzt. Drakon wirkte nämlich im 7. Jahrhundert v. Chr. in Athen und wird hier als schreckenerregende Figur der vorklassischen Zeit betrachtet. Im Aufsatz »Die Gesetzgebung des Lykurgus und Solon« aus dem Jahre 1790 hatte Schiller Drakon als schrecklichen Tyrann verworfen und Solon als Vorkämpfer der juristischen Aufklärung verherrlicht. »Wie konnten Athenienser unter [Drakons] Joch sich beugen«[100], rief Schiller zum Schluss aus – diese Hochschätzung der als angeborene Demokraten betrachteten Athener war im 19. Jahrhundert ein fester Bestandteil der neuhumanistischen Bildungskultur, von der Freuds Generation geprägt war.

Freud urteilt über Drakon nicht anders als Schiller. Dennoch warnt er vor der illusorischen Vorstellung, die archaische drakonische Mentalität sei von den modernen Kulturmenschen endgültig überwunden worden. Im Unbewussten bleiben sie »wie die Urmenschen eine Rotte von Mördern«. Freud weiß, dass diese Behauptung als eine unglaubwürdige Provokation aufgefasst werden kann, und er versucht, sie durch die autoritative Stimme eine Klassikers bestätigen zu lassen, die außerdem als rhetorisches Ornament heraufbeschworen wird.

> »Im »Père Goriot« spielt B a l z a c auf eine Stelle in den Werken J. J. R o u s s e a u an, in welcher dieser Autor den Leser fragt, was er wohl tun würde, wenn er – ohne Paris zu verlassen und natürlich ohne entdeckt zu werden – einen alten Mandarin in Peking durch einen bloßen Willensakt töten könnte, dessen Ableben ihm einen großen Vorteil einbringen müßte. Er läßt erraten, daß er das Leben dieses Würdenträgers für nicht sehr

---

98 J.-H. Rosny aîné, *La Guerre du feu*, erschien zuerst als Feuilleton in der illustrierten Zeitschrift *Je sais tout* ab 15. Juli 1909; Buchausgabe: *La Guerre du feu, roman des âges farouches*, Paris, E. Fasquelle, 1911; in deutscher Übersetzung ist der Roman auch unter dem Titel *Am Anfang war das Feuer* bekannt.
99 ZKT, S. 351.
100 Friedrich Schiller, »Die Gesetzgebung des Lykurgus und Solon«, in *Thalia*, Bd. 3. Heft 11, 1790, S. 30–82, Zitat S. 57.

gesichert hält. »Tuer son mandarin« ist dann sprichwörtlich geworden für diese geheime Bereitschaft auch der heutigen Menschen.«[101]

In Balzacs Roman *Vater Goriot* fragt Rastignac seinen Freund Bianchon: »Hast du Rousseau gelesen? [...] Erinnerst du dich an die Stelle, an der er seinen Leser fragt, was er tun würde, falls er reich werden könnte, indem er allein durch seine Willenskraft, ohne sich aus Paris wegzurühren, in China einen alten Mandarin tötete?«[102]

Selbst der Tod ihm nahestehender Personen und geliebter Angehöriger ist dem modernen Kulturmenschen ebenso recht wie er es dem Urmenschen schon war.

> »Wenn der Urmensch einen seiner Angehörigen sterben sah, sein Weib, sein Kind, seinen Freund, die er sicherlich ähnlich liebte wie wir die unseren, denn die Liebe kann nicht um vieles jünger sein als die Mordlust, [...] mußte [der Urmensch] in seinem Schmerz die Erfahrung machen, daß man auch selbst sterben könne, und sein ganzes Wesen empörte sich gegen dieses Zugeständnis. [...] Anderseits war ihm ein solcher Tod doch auch recht, denn in jeder der geliebten Personen stak auch ein Stück Fremdheit. Das Gesetz der Gefühlsambivalenz, das heute noch unsere Gefühlsbeziehungen zu den von uns geliebten Personen beherrscht, galt in Urzeiten gewiß noch uneingeschränkter.«[103]

Zwischen dem Urmenschen und der Kulturmenschen besteht in Bezug auf Gefühlsambivalenz nur ein gradueller Unterschied. Diese These hatte Freud in *Totem und Tabu* schon aufgestellt: »den Seelenregungen der Primitiven [sei] überhaupt ein höheres Maß von Ambivalenz zuzugestehen, als bei dem heute lebenden Kulturmenschen aufzufinden ist.«[104]

In *Massenpsychologie und Ich-Analyse* (1921) wird Freud das Gesetz der Gefühlsambivalenz, nach dem »fast jedes intime Gefühlsverhältnis zwischen zwei

---

101 ZKT, S. 352).
102 Honoré de Balzac, *Vater Goriot*, Übers. von Elisabeth Kuhs, Stuttgart, Reclam, 1988, S. 157; »As-tu lu Rousseau? [...] Te souviens-tu de ce passage où il demande à son lecteur ce qu'il ferait au cas où il pourrait s'enrichir en tuant à la Chine par sa seule volonté un vieux mandarin, sans bouger de Paris?« (Honoré de Balzac, *Le Père Goriot*, in *La Comédie humaine*, Paris, Gallimard, Bibliothèque de la Pléiade, 1976–1981. Bd. III, S. 172). – Übrigens ist Rastignacs Quellenangabe falsch. Die zitierte Stelle befindet sich in *Génie du christianisme* von François-René de Chateaubriand: »Ô conscience! ne serais-tu qu'un fantôme de l'imagination, ou la peur des châtiments des hommes? je m'interroge; je me fais cette question: »Si tu pouvais par un seul désir, tuer un homme à la Chine, et hériter de sa fortune en Europe, avec la conviction surnaturelle qu'on en saurait jamais rien, consentirais-tu à former ce désir?« [...] J'entends au fond de mon cœur une voix qui crie si fortement contre la seule pensée d'une telle supposition, que je ne puis douter un instant de la réalité de la conscience.« (Chateaubriand, *Essai sur les révolutions. Génie du christianisme*, Paris, Gallimard, Bibliothèque de la Pléiade, 1978, S. 606). – Vgl. Michel Delon, »De Diderot à Balzac, le paradoxe du mandarin«.
103 ZKT, S. 346.
104 Sigmund Freud, *Totem und Tabu*, GW IX, S. 83.

Personen von längerer Dauer – Ehebeziehung, Freundschaft, Eltern- und Kindschaft – einen Bodensatz von ablehnenden, feindseligen Gefühlen [enthält], der nur infolge von Verdrängung der Wahrnehmung entgeht,«[105] auf die Fälle ausweiten, in denen »die Menschen zu größeren Einheiten zusammentreten«, und somit einen Zusammenhang herstellen zwischen dem Gesetz der Gefühlsambivalenz und dem Befund, dass die Völkerverflechtung z. B. in Europa einen Krieg zwischen benachbarten Staaten keineswegs verhindert.

> »Jedesmal, wenn sich zwei Familien durch eine Eheschließung verbinden, hält sich jede von ihnen für die bessere oder vornehmere auf Kosten der anderen. Von zwei benachbarten Städten wird jede zur mißgünstigen Konkurrentin der anderen; jedes Kantönli sieht geringschätzig auf das andere herab. Nächstverwandte Völkerstämme stoßen einander ab, der Süddeutsche mag den Norddeutschen nicht leiden, der Engländer sagt dem Schotten alles Böse nach, der Spanier verachtet den Portugiesen. Daß bei größeren Differenzen sich eine schwer zu überwindende Abneigung ergibt, des Galliers gegen den Germanen, des Ariers gegen den Semiten, des Weißen gegen den Farbigen, hat aufgehört, uns zu verwundern.«[106]

Die Paradoxie des für den von Freud dargestellten Urmenschen charakteristischen Verhaltens gegen den Tod war, dass er einerseits »gerne und wie selbstverständlich mordete«[107], andererseits aber den eigenen Tod als »unvorstellbar und unwirklich«[108] betrachtete. Dieses »leidenschaftliche Wesen« war »grausamer und bösartiger als andere Tiere«[109], lebte jedoch in der Illusion der eigenen Unsterblichkeit. Der widersprüchlichen Einstellung des Urmenschen zum Tod entspricht die Spaltung des modernen Kulturmenschen in die intellektuelle Annahme, »daß der Tod der notwendige Ausgang alles Lebens sei«[110] und die unbewusste Verneinung dieser Naturnotwendigkeit. »Wie verhält sich unser Unbewußtes zum Problem des Todes? Die Antwort muß lauten: fast genau so wie der Urmensch. [...] Unser Unbewußtes glaubt nicht an den eigenen Tod, es gebärdet sich wie unsterblich.«[111]

An dieser Stelle macht Freud eine grundsätzliche Bemerkung über das Unbewußte:

> »Was wir unser »Unbewußtes« heißen, die tiefsten, aus Triebregungen bestehenden Schichten unserer Seele, kennt überhaupt nichts Negatives, keine Verneinung – Gegensätze fallen in ihm zusammen – und kennt darum nicht den eigenen Tod, dem wir nur einen negativen Inhalt geben können. Dem Todesglauben kommt also nichts

---

105 Sigmund Freud, *Massenpsychologie und Ich-Analyse*, GW XIII, S. 110.
106 Ebda, S. 111.
107 ZKT, S. 345.
108 Ebda, S. 346.
109 Ebda.
110 Ebda, S. 341.
111 Ebda, S. 350.

Triebhaftes in uns entgegen. Vielleicht ist dies sogar das Geheimnis des Heldentums. [...] Das instinktive und impulsive Heldentum [trotzt den Gefahren] nach der Zusicherung des Anzengruberschen Steinklopferhanns: Es kann dir nix g'scheh'n.«[112]

In Anzengrubers Bauernkomödie mit Gesang *Die Kreuzelschreiber* (1872) erzählt der Steinklopferhans, dass er einst schwer krank war und allein in seiner Hütte im Steinbruch. Er dachte sich, er müsse hinaus; sollte er schon sterben müssen, dann zumindest auf der Wiese unter der warmen Sonne. Er schleppte sich hinaus, schlief ein und erwachte – gesundet – mit der Eingebung[113]:

»Es kann dir nix gschehn! Selbst die größt Marter zählt nimmer, wann vorbei is! Ob d' jetzt gleich sechs Schuh tief da unterm Rasen liegst, oder ob d' das vor dir noch viel tausendmal siehst, – es kann dir nix gschehn! – Du ghörst zu dem alln, und dös alls ghört zu dir! Es kann dir nix gschehn. Und dös war so lustig, daß ich's all andern rund herum zugjauchzt hab: Es kann dir nix gschehn! – Jujuju!«[114]

»Als am 30. April 1905 in Wien das Anzengruber-Denkmal enthüllt wurde, war der Satz bereits Sprichwort geworden [...]. Am Fuße des Felsblocks sitzt seine wohl bekannteste Figur, eben der Steinklopferhans. Dessen Spruch wurde bei der Feier gleich mehrfach verwendet.«[115] Der Spruch des Steinkopferhans (Freud schreibt: Steinklopferhanns) wurde von Karl Kraus, Ludwig Wittgenstein, Stefan Zweig und anderen Autoren in den unterschiedlichsten Zusammenhängen zitiert. Freud führte ihn schon in *Der Dichter und das Phantasieren* (1908) an, um das »Gefühl der Sicherheit« zu charakterisieren, mit dem der Leser von Romanen

»den Helden durch seine gefährlichen Schicksale begleitet [...] jenes eigentliche Heldengefühl, dem einer unserer besten Dichter den köstlichen Ausdruck geschenkt hat: »Es kann dir nix g'schehen.« (Anzengruber.) Ich meine aber, an diesem verräterischen Merkmal der Unverletzbarkeit erkennt man ohne Mühe – Seine Majestät das Ich, den Helden aller Tagesträume wie aller Romane.«[116]

Die jüdische Variante jenes Heldengefühls, das Wittgenstein 1929 in seinem auf Englisch gehaltenen *Vortrag über Ethik* »the experience of feeling absolutely safe«[117] nannte, beschrieb Freud auf witzige Weise in *Wir und der Tod,* seinem Vortrag vom 16. Februar 1915 vor den Migliedern der Loge »Wien« des Ordens B'nai B'rith:

---

112 Ebda, S. 350f.
113 Diese Inhaltsangabe folgt Anton Unterkircher, »›Es kann dir nix gschehn‹. Notizen zu einem Spruch aus Anzengrubers *Kreuzelschreibern*«, S. 73.
114 Ludwig Anzengruber, *Die Kreuzelschreiber*, III. Akt, 1. Szene, in L. Anzengruber, *Dorfkomödien*, Hrsg. von Otto Rommel, Wien, Schroll, 1921 (Ludwig Anzengrubers sämtliche Werke, Bd. 4), S. 72f.
115 Anton Unterkircher, »›Es kann dir nix gschehn‹...«, S. 73.
116 Sigmund Freud, *Der Dichter und das Phantasieren* (1908), GW VII, S. 220.
117 Anton Unterkircher, »›Es kann dir nix gschehn‹...«, S. 76.

> »Handelt es sich gar um einen von uns, einen Juden, dann müßte man auf die Idee kommen, daß ein Jude überhaupt nie auf natürliche Weise stirbt. Zum mindesten hat ihn ein Doktor verdorben; sonst lebte er wohl heute noch. Es wird zwar zugegeben, daß man endlich sterben muß, aber wir verstehen es, dieses Endlich in unabsehbare Ferne hinauszurücken. Wenn man den Juden fragt, wie alt er ist, so antwortet er gerne: Sechzig (etwa) bis einhundertundzwanzig!«[118]

Die im Unbewussten verankerte Illusion der Unsterblichkeit, des »mir kann nix g'schehen«, ist die psychische Voraussetzung für das heldische Verhalten, das im Krieg von den Frontkämpfern gefordert wird und manchmal auch gezeigt wird. »[Der Krieg] zwingt uns wieder, Helden zu sein, die an den eigenen Tod nicht glauben können; er bezeichnet uns die Fremden als Feinde, deren Tod man herbeiführen oder herbeiwünschen soll; er rät uns, uns über den Tod geliebter Personen hinwegzusetzen.«[119] Freud zerstört jedoch die glanzvolle Aura, mit der so viele Dichter und Feuilletonisten in den ersten Kriegsmonaten die auf den Schlachtfeldern kämpfenden und fallenden »unsterblichen Helden« umgeben wollten. Das Heldentum wird von ihm als eine durch die Regression des Kulturmenschen zum Urmenschen bewirkte Illusion entlarvt. Die Wirklichkeit des heutigen Kriegs kennt keine Helden, die Kämpfer sind namenlose an Massenschlachten Beteiligte.

Am Anfang der Kultur waren Gewalt und Mord. Freuds Genealogie der Religion und der Moral

In *Zeitgemäßes über Krieg und Tod* sind die Digressionen, in denen Freud einige Grundthesen der psychoanalytischen Kulturanthropologie im Anschluss an *Totem und Tabu* auf didaktische und zugleich geradezu aphoristische Weise zusammenfasst, besonders interessant. Auf drei Seiten verdichtet er z. B. seine Theorie vom Ursprung des religiösen Gefühls und der Moral.

> »An der Leiche der geliebten Person ersann [der Urmensch] die Geister, und sein Schuldbewußtsein ob der Befriedigung, die der Trauer beigemengt war, bewirkte, daß diese erstgeschaffenen Geister böse Dämonen wurden, vor denen man sich ängstigen mußte. Die Veränderungen des Todes legten ihm die Zerlegung des Individuums in einen Leib und in eine – ursprünglich mehrere – Seelen nahe […]. Die fortdauernde Erinnerung an den Verstorbenen wurde die Grundlage der Annahme anderer Existenzformen, gab ihm die Idee eines Fortlebens nach dem anscheinenden Tode.«[120]

---

118 Sigmund Freud, *Wir und der Tod*, siehe unten, S. 110.
119 ZKT, S. 354.
120 Ebda, S. 347 f.

Doch stellte sich der Urmensch das vermeintliche Fortleben nach dem Tode als bloß »schattenhaft« und »inhaltsleer« vor. Die homerischen Helden, die Freud als Zwischenglieder zwischen den Urmenschen und den modernen Kulturmenschen auffasste, schätzten die Existenz nach dem Tod gering. An dieser Stelle zitiert Freud die Verse aus der *Odyssee*, XI, v. 484–491, in denen Odysseus während seiner Hadesfahrt die Psyche seines früheren Kriegsgefährten Achilles trifft. »Laß dich den Tode nicht reuen« sagt Odysseus, und Achilles erwidert ihm:

> »Nicht mir rede vom Tod ein Trostwort, edler Odysseus!
> Lieber ja wollt' ich das Feld als Tagelöhner bestellen
> Einem dürftigen Mann, ohn' Erb' und eigenen Wohlstand,
> Als die sämtliche Schaar der geschwundenen Toten beherrschen.«[121]

Als »bitter-parodistischen« Kontrapunkt zu Homer zitiert Freud Heinrich Heines *Der Scheidende*, ein posthum veröffentlichtes Gedicht »aus der Matratzengruft« des kranken Dichters: »Der kleinste lebendige Philister / [...] Viel glücklicher ist er, / Als ich, der Pelide, der tote Held.«[122]

In seinem Vortrag vor der Loge »Wien« des B'nai B'rith, *Wir und der Tod*, ließ Freud das Zitat aus der Odyssee ganz weg, erwähnte nur Heines Gedicht und fügte dem Heine-Zitat folgenden Kommentar hinzu, der in *Zeigemäßes über Krieg und Tod* nicht aufgenommen wurde:

> »Es ist sehr merkwürdig, daß unsere heiligen Schriften diesem Bedürfnis des Menschen nach einer Garantie seiner Fortexistenz keine Rechnung getragen haben. Es heißt im Gegenteile einmal: ›Nur die Lebenden loben Gott.‹ Ich nehme an, und Sie wissen sicherlich mehr darüber, daß die jüdische Volksreligion und die an die heiligen Schriften anschließende Literatur sich anders zur Unsterblichkeitslehre gestellt haben. Aber ich möchte auch diesen Punkt unter die Momente aufnehmen, welche es der jüdischen Religion unmöglich machten, die anderen antiken Religionen nach deren Verfall zu ersetzen.«[123]

In *Der Mann Moses und die monotheistische Religion* wird Freud noch einmal dieses Merkmal der jüdischen Religion hervorheben, das sie von der ägyptischen Religion radikal unterschied:

> »Kein anderes Volk des Altertums hat soviel getan [wie die Ägypter], um den Tod zu verleugnen, hat so peinlich vorgesorgt, eine Existenz im Jenseits zu ermöglichen [...]

---

121 Ebda, S. 348. Freud zitiert die 1781 erschienene, und seither immer wieder nachgedruckte deutsche Übersetzung der *Odyssee* durch Johann Heinrich Voß.
122 Ebda. *Der Scheidende* (Erstdruck in Heinrich Heine, *Letzte Gedichte und Gedanken*, aus dem Nachlasse des Dichters zum ersten Mal veröffentlicht, Hrsg. von Adolf Strodtmann, Hamburg, Hoffmann & Campe, 1869; Heinrich Heine, *Historisch-kritische Gesamtausgabe der Werke*, Hrsg. von Manfred Windfuhr, 16 Bände, Hamburg, Hoffmann & Campe, 1973–1997 (Düsseldorfer Heine-Ausgabe), Bd. 3, Teil 2, 1992, S. 1505.
123 Sigmund Freud, *Wir und der Tod*, siehe unten, S. 114.

> Die altjüdische Religion hingegen hat auf die Unsterblichkeit voll verzichtet; der Möglichkeit einer Fortsetzung der Existenz nach dem Tode wird nirgends und niemals Erwähnung getan.«[124]

Für Freud ist das Schweigen der jüdischen Religion über eine Existenz im Jenseits ein Beleg ihrer Sonderstellung als Vorschule der wissenschaftlichen Rationalität. In *Die Zukunft einer Illusion* erwähnt er die Spiritisten, die die Fortdauer der individuellen Seele »zweifelsfrei demonstrieren wollen«, und er bemerkt im nächsten Abschnitt: »Soll ich verpflichtet werden, jede Absurdität zu glauben? [...] Es gibt keine Instanz über der Vernunft.«[125] Im Aufsatz *Ein religiöses Erlebnis* kommt Freud auf sein 1927 veröffentlichtes Gespräch mit G. S. Viereck zurück: Auf die Frage, ob er an eine Fortdauer der Persönlichkeit nach dem Tode glaube, hatte er geantwortet: »Daraus mach' ich mir gar nichts.«[126] Und auf der nächsten Seite schreibt Freud, auch dies beweise, dass er ohne Gottesglauben als »an infidel jew« dem Judentum treu geblieben sei.[127]

Der Glaube an eine Nachexistenz nach dem Ableben, den Freud im zweiten Teil von *Zeitgemäßes über Krieg und Tod* als die konventionell-kulturelle Verleugnung des Todes bezeichnet, habe in der Urzeit ihren Anfang genommen. Auch die Genealogie der Moral geht bis zum Urmenschen zurück, erklärt Freud, indem er seine in *Totem und Tabu* ausgeführten Thesen weiterhin zusammenfasst.

> »An der Leiche der geliebten Person entstanden nicht nur die Seelenlehre, der Unsterblichkeitsglaube und eine mächtige Wurzel des menschlichen Schuldbewußtseins, sondern auch die ersten ethischen Gebote. Das erste und bedeutsamste Verbot des erwachenden Gewissens lautete: D u s o l l s t n i c h t t ö t e n . Es war als Reaktion gegen die hinter der Trauer versteckte Haßbefriedigung am geliebten Toten gewonnen worden und wurde allmählich auf den ungeliebten Fremden und endlich auch auf den Feind ausgedehnt.«[128]

Der Vergleich des Kulturmenschen mit dem Urmenschen wendet sich in überraschender Weise zum Vorteil des Letzteren. Der Krieg zerstört die Moral, und das Verbot »Du sollst nicht töten« wird guten Gewissens übertreten, wenn es sich um den Feind handelt. Freud stellt sich vor, dass die »siegreichen Kämpfer« nach Kriegsende munter und unbekümmert ins zivile Leben zurückkehren werden. »Wenn das wilde Ringen dieses Krieges seine Entscheidung gefunden hat, wird jeder der siegreichen Kämpfer froh in sein Heim zurückkehren, zu seinem Weibe und Kindern, unverweilt und ungestört durch Gedanken an die Feinde, die er im

---

124 Sigmund Freud, *Der Mann Moses und die monotheistische Religion*, GW XVI, S. 117.
125 Sigmund Freud, *Die Zukunft einer Illusion*, GW XIV, S. 350.
126 Sigmund Freud, *Ein religiöses Erlebnis*, GW XIV, S. 303.
127 Ebda, S. 304.
128 ZKT, S. 348f.

Nahkampfe oder durch die fernwirkende Waffe getötet hat.«[129] Das war eine im Frühjahr 1915 vielleicht noch vertretbare Voraussage, die sich jedoch im November 1918 angesichts der posttraumatischen Störungen der heimkehrenden Soldaten als falsch erweisen sollte.

Diese viel zu einseitige Vorstellung der künftigen frohgemuten Kriegsheimkehrer ohne Reue führt Freud dazu, dem »Wilden«, von dem er meint, er würde »dem Urmenschen gewiß näher stehen als wir, [...] ein Stück ethischer Feinfühligkeit« zuzugestehen, »welches uns Kulturmenschen verloren gegangen ist.«[130]

»Der Wilde – Australier, Buschmann, Feuerländer – ist keineswegs ein reueloser Mörder; wenn er als Sieger vom Kriegspfade heimkehrt, darf er sein Dorf nicht betreten und sein Weib nicht berühren, ehe er seine kriegerischen Mordtaten durch oft langwierige und mühselige Bußen gesühnt hat. [...] Der Wilde fürchtet noch die Geisterrache der Erschlagenen. Aber die Geister der erschlagenen Feinde sind nichts anderes als der Ausdruck seines bösen Gewissens ob seiner Blutschuld.«[131]

Kann man Zeitgemäßes über Krieg und Tod als das Zeugnis einer pazifistischen Gesinnung betrachten?

Wenn es genügt, den Krieg zu verurteilen, um als Pazifist zu gelten, kann man *Zeitgemäßes über Krieg und Tod* zweifellos als eine pazifistische Stellungnahme auffassen. »Es will uns scheinen, als hätte noch niemals ein Ereignis so viel kostbares Gemeingut der Menschheit zerstört, so viele der klarsten Intelligenzen verwirrt, so gründlich das Hohe erniedrigt«[132], schreibt Freud in ersten Absatz. In aller Deutlichkeit verkündet er, dass er »den Krieg in seinen Mitteln und Zielen [verurteilt] und das Aufhören der Kriege [herbeisehnt].«[133]

Wenn man aber den Pazifismus als die Überzeugung definiert, dass es möglich sei, einen dauerhaften Frieden zu stiften, und dass dieses Ziel keine bloße wirklichkeitsferne Utopie, sondern mit bestimmten konkreten Mitteln erreichbar sei, dann wird es schwer, *Zeitgemäßes über Krieg und Tod* als ein pazifistisches Manifest hinzustellen.

Am Schluss seines Essays verfällt Freud in einen geradezu resignativen Pessimismus:

---

129 Ebda, S. 349.
130 Ebda.
131 Ebda.
132 Ebda, S. 324.
133 Ebda, S. 325.

> »Der Krieg ist aber nicht abzuschaffen; solange die Existenzbedingungen der Völker so verschieden und die Abstoßungen unter ihnen so heftig sind, wird es Kriege geben müssen. Da erhebt sich denn die Frage: Sollen wir nicht diejenigen sein, die nachgeben und sich ihm anpassen? Sollen wir nicht zugestehen, daß wir mit unserer kulturellen Einstellung zum Tode psychologisch wieder einmal über unseren Stand gelebt haben, und vielmehr umkehren und die Wahrheit fatieren? [...] Es scheint das keine Höherleistung zu sein, eher ein Rückschritt in manchen Stücken, eine Regression, aber es hat den Vorteil, der Wahrhaftigkeit mehr Rechnung zu tragen und uns das Leben wieder erträglicher zu machen. Das Leben zu ertragen, bleibt ja doch die erste Pflicht aller Lebenden. Die Illusion wird wertlos, wenn sie uns darin stört.«[134]

In diesen Zeilen wird erst recht klar, dass Freud »unser Verhältnis zum Tode« und »unser Verhältnis zum Krieg« für ein und dasselbe Thema hält. Deshalb kann er zum Schluss den alten Spruch »*Si vis pacem, para bellum*. Wenn du den Frieden erhalten willst, so rüste zum Krieg« in abgewandelter Form wiederholen: »*Si vis vitam, para mortem*. Wenn du das Leben aushalten willst, richte dich auf den Tod ein.«[135] Durch den Gleichklang wird die Gleichung *para bellum = para mortem* nahegelegt. Nun aber wird von Freud das »Sich-auf-den-Tod-Einrichten« als die Voraussetzung für eine »der Wahrhaftigkeit mehr Rechnung tragende« Existenzform und als die Überwindung des illusorischen Gefühls der Unsterblichkeit angeraten, das unsere unbewusste Einstellung zum Tod aufkommen lässt.

Den Subtext dieser Sätze kann man so entziffern: man sollte sich auf den Krieg einstellen, um die Illusion zu zerschlagen, der Friede sei der normale Zustand der Welt und der Krieg die katastrophale Ausnahme; die Einsicht, dass der Krieg in der Natur des Menschen liege, dass die Wirklichkeit des Kriegs die innere unbewusste Realität bloßgelegt habe, und dass jeder Friedenszustand wie jedes Leben vergänglich sei, führe dazu, eine andere »wertlose Illusion« unserer Zeit, und zwar die des Pazifismus, zu durchschauen, die keineswegs helfe, die Welt zu ertragen. Der Krieg sei ebenso unvermeidlich wie der Tod, und wir sollten uns an den Krieg wie an den Tod »anpassen«.

Ist Freud in *Zeitgemäßes über Krieg und Tod* vollends in den Kulturpessimismus verfallen? Kann man im Gegenteil sagen, dass die Überwindung der »konventionell-kulturellen Einstellung gegen den Tod« und die Hinwendung zu mehr Wahrhaftigkeit, zu denen er abschließend aufruft, die Perspektive einer Kulturerneuerung eröffnen? Die letzten Sätze des Aufsatzes über *Vergänglichkeit*, den er sechs Monate später, im November 1915, für den vom Berliner Goethebund herausgegebenen Sammelband *Das Land Goethes* verfasste, zeigen eine solche Perspektive auf:

---

134 Ebda, S. 354f.
135 Ebda, S. 355.

»Wir wissen, die Trauer, so schmerzhaft sie sein mag, läuft spontan ab. Wenn sie auf alles Verlorene verzichtet hat, hat sie sich auch selbst aufgezehrt, und dann wird unsere Libido wiederum frei, um sich, insofern wir noch jung und lebenskräftig sind, die verlorenen Objekte durch möglichst gleich kostbare oder kostbarere neue zu ersetzen. Es steht zu hoffen, daß es mit den Verlusten dieses Krieges nicht anders gehen wird. Wenn erst die Trauer überwunden ist, wird es sich zeigen, daß unsere Hochschätzung der Kulturgüter unter der Erfahrung von ihrer Gebrechlichkeit nicht gelitten hat. Wir werden alles wieder aufbauen, was der Krieg zerstört hat, vielleicht auf festerem Grund und dauerhafter als vorher.«[136]

Welchen festeren Grund meint hier Freud? Wenn man die Gedankenlinie von *Zeitgemäßes über Krieg und Tod* weiterverfolgt, kann man auf diese Frage folgende Antwort vorschlagen: auf dem Grund einer realistischen Friedenssicherung (*si vis pacem, para bellum*), eines mutigeren, wahrhaftigeren Verhältnisses zum Tod (*si vis vitam, para mortem*) und einer illusionslosen Einschätzung der menschlichen Natur und der Kulturentwicklung.

Kriegserfahrung und Nachkriegszeit: vom »seelischen Elend der Daheimgebliebenen« zur »Psychologie der Kämpfer«

Die Sorge um seine drei Söhne – Martin, der ab Januar 1915 an der galizischen Front, ab September 1915 an der italienischen Front kämpft und im Herbst 1915 in Kriegsgefangenschaft gerät, Oliver, der nach seinen Abschlussprüfungen an der Technischen Hochschule Wien im Juli 1915 bis Ende 1916 als Ingenieur beim Bau kriegswichtiger Anlagen eingesetzt wird, und Ernst, der im August 1915 an der galizischen Front, und dann an der italienischen Front im Einsatz ist – drückt auf Freuds Stimmung ganz besonders.

Am 10. Juli 1915 schreibt er an Ferenczi: »In der Nacht vom 8./9/ d. M. hatte ich einen prophetischen Traum, der ganz klar den Tod der Söhne, Martin voran, zum Inhalt hat.«[137] Ab 1916 beginnt Freud, einen Buchkalender zu führen. Seine konzisen, stichwortartigen Einträge berichten von Kriegseinschränkungen, von seiner Sorge um die Familienangehörigen, von den sinkenden Zahl seiner Patientinnen und Patienten und von einzelnen weltpolitischen Ereignissen.[138]

Mit dem Fünften Internationalen Psychoanalytischen Kongress in Budapest (28. und 29. September 1918), auf dem Freud mit den Thesen von Karl Abraham,

---

136 Sigmund Freud, *Vergänglichkeit*, GW X, S. 361.
137 Sigmund Freud / Sándor Ferenczi, *Briefwechsel*, Bd. II/1, S. 126.
138 Sigmund Freud, *Die Kalendereinträge von 1916–1918*, Hrsg. und kommentiert von Michael Giefer und Christfried Tögel.

Sándor Ferenczi und Ernst Simmel zu den Kriegsneurosen konfrontiert wird[139], beginnt eine neue Phase der Überlegungen Freuds über Krieg und Tod, die sich bisher hauptsächlich mit dem »seelischen Elend der Daheimgebliebenen« beschäftigten und von nun an auch die Psychologie der Frontkämpfer erforschten. Ernst Simmel hatte schon zuvor eine psychoanalytische Annäherung an das Thema der traumatischen Neurosen vorgeschlagen: »Was im Erleben des Menschen zu gewaltig oder zu gräßlich ist, als daß sein *bewußter* Geist es fassen und verarbeiten kann, das sinkt auf den *unterbewußten* Grund seiner Psyche. Hier liegt es wie eine Mine, bereit, das ganze Seelengefüge über sich zu sprengen.«[140]

In der Einleitung zum Kongressband *Zur Psychoanalyse der Kriegsneurosen* formulierte Freud zum ersten Mal die Theorie von der psychologischen Kriegsuntauglichkeit mancher Zeitgenossen, an die er später in *Warum Krieg?* wieder anknüpfte.

> »Die Kriegsneurosen sind, soweit sie sich durch besondere Eigenheiten von den banalen Neurosen der Friedenszeit unterscheiden, aufzufassen als traumatische Neurosen, die durch einen Ichkonflikt ermöglicht oder begünstigt worden sind. [...] Er spielt sich zwischen dem alten friedlichen und dem neuen kriegerischen Ich des Soldaten ab, und wird akut, sobald dem Friedens-Ich vor Augen gerückt wird, wie sehr es Gefahr läuft, durch die Wagnisse seines neugebildeten parasitischen Doppelgängers ums Leben gebracht zu werden. Man kann ebensowohl sagen, das alte Ich schütze sich durch die Flucht in die traumatische Neurose gegen die Lebensgefahr, wie es erwehre sich des neuen Ichs, das es als bedrohlich für sein Leben erkennt. Das Volksheer wäre also die Bedingung, der Nährboden der Kriegsneurosen; bei Berufssoldaten, in einer Söldnerschar, wäre ihnen die Möglichkeit des Auftretens entzogen.«[141]

Eine solche Auffassung der Kriegsneurosen, die Freud als eine meistens durch das Unbewusste motivierte Flucht in Krankheit verstand und keineswegs mit einer bewussten Tendenz, sich der Kriegspflicht zu entziehen, verwechseln wollte, brachte ihn in einen offenen Gegensatz mit vielen Offizieren und Militärärzten, die die Kriegsneurotiker für Simulanten hielten und sie deshalb nicht heilen sondern zwingen wollten, so schnell wie möglich wieder an der Front zu kämpfen. Freud beschrieb das Dilemma der Militärärzte als einen »unlösbaren

---

139 *Zur Psychoanalyse der Kriegsneurosen*, 1919. Inhalt: I. S. Freud, Einleitung, S. 3–7. II. Diskussion gehalten auf dem V. internationalen Kongress in Budapest: S. Ferenczi, Die Psychoanalyse der Kriegsneurosen, S. 9–30; K. Abraham, Erstes Korreferat, S. 31–41; E. Simmel, Zweites Korreferat, S. 42–60. III. Ernest Jones, Die Kriegsneurosen (war-schock) und die Freudsche Theorie, S. 61–82. – Ernest Jones konnte als enemy alien nicht nach Budapest kommen und lieferte seinen Beitrag nach.
140 Ernst Simmel, *Kriegs-Neurosen und »Psychisches Trauma«. Ihre gegenseitigen Beziehungen dargestellt auf Grund psychoanalytischer, hypnotischer Studien*, S. 83.
141 Sigmund Freud, *Einleitung zu »Zur Psychoanalyse der Kriegsneurosen«*, GW XII, S. 323.

Konflikt zwischen den Anforderungen der Humanität, die sonst für den Arzt maßgebend sind, und denen des Volkskriegs.«[142]

Nach dem Krieg wurden Anschuldigungen gegen Armeeärzte wegen Misshandlung von Soldaten, die an Kriegsneurosen erkrankt waren, erhoben. Das österreichische Kriegsministerium setzte 1920 einen Untersuchungsausschuss ein. Freud erstellte für Julius Wagner-Jauregg ein Gutachten, der aufgrund von Elektroschockbehandlungen von Kriegsneurotikern vor Gericht stand. Obwohl Freud solche Behandlungsmethoden missbilligte, entlastete er seinen Wiener Kollegen des Vorwurfes der absichtsvollen Quälerei. Freuds Gutachten fasste in gemeinverständlicher Weise seine Theorie von den Kriegsneurosen:

»Es ergab sich [...] als die nächste Ursache aller Kriegsneurosen die dem Soldaten unbewußte Tendenz, sich den gefahrvollen oder das Gefühl empörenden Anforderungen des Kriegsdienstes zu entziehen. Angst um das eigene Leben, Sträuben gegen den Auftrag, andere zu töten, Auflehnung gegen die rücksichtslose Unterdrückung der eigenen Persönlichkeit durch die Vorgesetzten waren die wichtigsten Affektquellen, aus denen die kriegsflüchtige Tendenz gespeist wurde. [...] Die Kriegsneurotiker waren aber nur zum kleinsten Teil Simulanten; die Affektregungen, die sich in ihnen gegen den Kriegsdienst sträubten und sie in die Krankheit trieben, wirkten in ihnen, ohne ihnen bewußt zu werden.«[143]

Am 14. Oktober 1920 wurde Freud von der Kommission zur Erhebung militärischer Pflichtverletzungen angehört. Er erklärte in aller Offenheit:

»[Es] ist richtig, daß wir ein Volksheer hatten, daß der Mann zum Kriegsdienst gezwungen war, dass er nicht gefragt wurde, ob er gerne in den Krieg geht, und man mußte daher darauf gefaßt sein, daß die Leute flüchten wollten, und den Ärzten ist etwas wie die Rolle von Maschinengewehren hinter der Front zugefallen, die Rolle, die Flüchtigen zurückzutreiben. [...] Der Arzt soll in erster Linie der Anwalt der Kranken sein, nicht der eines anderen. [...] Zwischen der Unterordnung unter die Humanität und der allgemeinen Wehrpflicht läßt sich ein Kompromiß nicht herstellen.«[144]

Die Psychoanalyse der Kriegsneurosen führte Freud dazu, sich erneut mit dem Problem der traumatischen Neurose zu beschäftigen.

»Die Lehre von der sexuellen Ätiologie der Neurosen, oder wie wir lieber sagen: die Libidotheorie der Neurosen ist ursprünglich nur für die Übertragungsneurosen des friedlichen Lebens aufgestellt worden und bei ihnen durch Anwendung der analytischen Technik leicht zu erweisen. [...] Als die in dieser Hinsicht refraktärste galt immer

---

142 Sigmund Freud, *Gutachten über die elektrische Behandlung der Kriegsneurotiker*, GW, Nachtragsband, S. 708f.
143 Sigmund Freud, *Ebda*, S. 707.
144 K. R. Eissler, *Freud und Wagner-Jauregg vor der Kommission zur Erhebung militärischer Pflichtverletzungen*, S. 53.

die traumatische Neurose (der Friedenszeit), so daß das Auftauchen der Kriegsneurosen kein neues Moment in die vorliegende Situation eintragen konnte.«[145]

In *Jenseits des Lustprinzips* (1920) bemüht sich Freud, diese Schwierigkeit zu überwinden. Am Anfang des zweiten Kapitels bekennt er wieder: »Ein volles Verständnis ist bisher weder für die Kriegsneurosen noch für die traumatischen Neurosen des Friedens erzielt worden.«[146] Er versucht jetzt, »die gemeine traumatische Neurose als die Folge eines ausgiebigen Durchbruchs des Reizschutzes aufzufassen«, wobei er »dem Schreck und der Lebensdrohung die ätiologische Bedeutung zuspricht«[147] und im Fall der Kriegsneurosen seine These von 1919 aufrechterhält, nach der die Kriegsneurosen durch einen Ichkonflikt erleichtert werden. Freud betont, dass der Schreck durch das Fehlen der Angstbereitschaft gekennzeichnet werden kann. So sind die Träume von Kriegsneurotikern, in denen die Kranken in die Situation der Lebensgefahr, bzw. des Ichkonflikts zurückversetzt werden, als Versuche zu deuten, in Wiederholung des Schockerlebnisses »die Reizbewältigung unter Angstentwicklung nachzuholen.«[148] Der solchen Träumen innewohnende Wiederholungszwang entzieht sich des Herrschaft des Lustprinzips und gehorcht dem Todestrieb, der dazu strebe, einen früheren leblosen Zustand wiederherstellen und »zur Ruhe der anorganischen Welt zurückzukehren.«[149]

In dieser Weise wird »unser Verhältnis zum Tode«, wie der zweite Teil von *Zeitgemäßes über Krieg und Tod* hieß, auf entscheidende Weise neu definiert und vertieft. Es handelt sich nun um unser unbewusstes Verhältnis zum Tod und nicht um unsere »kulturell-konventionelle Einstellung gegen den Tod«. Allerdings wirkt der in *Jenseits des Lustprinzips* beschriebene Todestrieb als Tendenz zur Spannungsabfuhr nach innen. In *Warum Krieg?* ist der nach außen gerichtete Todestrieb ein zentraler Begriff. Dort zeigt Freud, wie »der Todestrieb zum Destruktionstrieb [wird], indem er mit Hilfe besonderer Organe nach außen, gegen die Objekte, gewendet wird.«[150]

Einen weiteren Nachtrag zur Theorie der Kriegsneurosen bringt Freud 1921 in *Massenpsychologie und Ich-Analyse*. Von der These ausgehend, dass Kirche und Heer zwei künstliche Massen bilden, dass »Liebesbeziehungen (indifferent ausgedrückt: Gefühlsbindungen) das Wesen der Massenseele ausmachen«[151], und dass »jeder Hauptmann gleichsam der Feldherr und Vater seiner Abteilung, jeder

---

145 Sigmund Freud, *Einleitung zu »Zur Psychoanalyse der Kriegsneurosen«*, GW XII, S. 323.
146 Sigmund Freud, *Jenseits des Lustprinzips*, GW XIII, S. 9.
147 Ebda, S. 31.
148 Ebda, S. 32.
149 Ebda, S. 68.
150 Sigmund Freud, *Warum Krieg?* GW XVI, S. 22.
151 Sigmund Freud, *Massenpsychologie und Ich-Analyse*, GW XIII, S. 100.

Unteroffizier der seines Zuges [ist]«[152], erklärt Freud die Kriegsneurosen in neuer Weise:

»Die Vernachlässigung dieses libidinösen Faktors in der Armee, auch dann, wenn er nicht der einzig wirksame ist, scheint nicht nur ein theoretischer Mangel, sondern auch eine praktische Gefahr. Der preußische Militarismus, der ebenso unpsychologisch war wie die deutsche Wissenschaft, hat dies vielleicht im großen Weltkrieg erfahren müssen. Die Kriegsneurosen, welche die deutsche Armee zersetzten, sind ja großenteils als Protest des Einzelnen gegen die ihm in der Armee zugemutete Rolle erkannt worden, und nach den Mitteilungen von E. Simmel [*Fußnote 1:* Kriegsneurosen und »psychisches Trauma«, München 1918] darf man behaupten, daß die lieblose Behandlung des gemeinen Mannes durch seine Vorgesetzten obenan unter den Motiven der Erkrankung stand. Bei besserer Würdigung dieses Libidoanspruches hätten wahrscheinlich die phantastischen Versprechungen der 14 Punkte des amerikanischen Präsidenten nicht so leicht Glauben gefunden, und das großartige Instrument wäre den deutschen Kriegskünstlern nicht in der Hand zerbrochen.«[153]

Im letzten Satz kommt Freuds Ressentiment gegen Thomas Woodrow Wilson und sein 14 Punkte-Programm vom 8. Januar 1918 deutlich zum Ausdruck. Ebenso stark war zum Zeitpunkt Freuds Ranküne gegen die »deutschen Kriegskünstler« (das Wort klingt wie »Kriegszauberkünstler«), die das »großartige Instrument«, das die deutsche Armee dargestellt habe, in die Schmach einer unverdienten Niederlage gestürzt hätten.

---

152 Ebda, S. 102 f.
153 Ebda, S. 103.

II *Warum Krieg?*

Wie der Briefwechsel zwischen Einstein und Freud entstand

Der öffentliche Briefwechsel zwischen Albert Einstein und Sigmund Freud entstand im Auftrag einer Zweigorganisation des Völkerbunds, der Internationalen Kommission für geistige Zusammenarbeit. Als Exekutivorgan dieser Kommission gab das Institut international de coopération intellectuelle mit Sitz in Paris eine Reihe von Briefwechseln »zwischen auf geistigem Gebiet führenden Persönlichkeiten« heraus. *Warum Krieg?* war der zweite Band in dieser Reihe.

Im März 1933, also kurz vor Erscheinen von *Warum Krieg?* veröffentlichte das Institut international de coopération intellectuelle des Völkerbunds in der Reihe *Correspondances* (Briefwechsel) die Broschüre *Pour une société des esprits* (*A League of Minds*) mit Aufsätzen des französischen Schriftstellers Paul Valéry und des spanischen Diplomaten Salvador de Madariaga, der 1921 Vorsitzender der Kommission für Abrüstung des Völkerbunds gewesen war. Der dritte Band in der Reihe *Correspondances* war 1934 die Broschüre *L'Esprit, l'éthique et la guerre (Geist, Ethik und Krieg)*, die nur auf Französisch erschien und Beiträge von Johan Bojer, Johan Huizinga, Aldous Huxley, André Maurois und Robert Wälder[1] versammelte. Es folgte noch ein vierter Band im Jahre 1935: *Civilisations. Orient-Occident, génie du Nord-latinité*; die englischsprachige Fassung war kürzer und trug den knappen Titel *East and West*.

---

1 In der Anmerkung 1 zu seinem Artikel über »Ätiologie und Verlauf der Massenpsychosen: Mit einem soziologischen Anhang: Über die geschichtliche Situation der Gegenwart« berichtet Robert Wälder: »Die nachfolgenden zwei Beiträge zu den Problemen von Krieg und Frieden sind in französischer Sprache – übersetzt von Anne B e r m a n unter der Leitung der Prinzessin Marie Bonaparte – in den Publikationen des Völkerbundsinstituts für geistige Zusammenarbeit (Institut International de Coopération Intellectuelle), Coll. Correspondance, Vol. III.: »L'Esprit, L'Ethique et la Guerre«, im Herbst 1934 erschienen. Der Wiederabdruck in deutscher Sprache erfolgt mit Genehmigung des Institut International de Coopération Intellectuelle« (*Imago*, 1935, Bd. 21, S. 67, Anm. 1).

Die Idee, den zweiten Band der Reihe *Correspondances* in Form eines Briefwechsels mit Freud zum Thema Friedensstiftung und Kriegsverhütung zu veröffentlichen, ging auf Einstein zurück, der schon 1922 Gründungsmitglied der Internationalen Kommission für geistige Zusammenarbeit des Völkerbunds geworden war. Einstein war für die Kommission ein schwieriger Partner, der mehrmals aus Protest gegen deren allzu laue Haltung in der Bekämpfung des Militarismus zurückgetreten war und sich jedesmal hatte überreden lassen, wieder aktives Mitglied zu werden. Einstein hatte 1930 anlässlich des zehnjährigen Bestehens des Völkerbunds seine Meinung zusammengefasst: »Ich habe selten Anlass, über das, was der Völkerbund tut oder zu tun unterlässt, begeistert zu sein, aber ich bin doch immer dafür dankbar, dass es ihn gibt.«[2]

Einsteins Zugehen auf Freud war in mancher Hinsicht überraschend, da er schon immer von seinen gemischten Gefühlen gegenüber der Psychoanalyse als Tiefenpsychologie und als Psychotherapie kein Hehl gemacht hatte. Offensichtlich hatten ihn Freuds gesellschafts- und kulturtheoretischen Schriften, vor allem *Das Unbehagen in der Kultur* aus dem Jahre 1930 doch positiv beeindruckt.

Einstein und Freud hatten sich am 29. Dezember 1926 im Hause von Freuds jüngstem Sohn Ernst in Berlin zum ersten Mal getroffen. Freud schrieb an Sándor Ferenczi: »Mit Einstein habe ich auch zwei Stunden verplaudert, er kam mit seiner Frau zu Ernst, um mich zu sehen. Er ist heiter, sicher und liebenswürdig, versteht von Psychologie soviel wie ich von Physik, und so haben wir uns sehr gut gesprochen.«[3]

1928 hatte sich Einstein geweigert, Freuds Nominierung für den Nobelpreis für Medizin zu befürworten. Am 15. Februar 1928 hatte er dem Psychoanalytiker Heinrich Meng, der ihn gebeten hatte, die Nominierung Freuds zu unterstützen, so geantwortet:

>»Bei aller Bewunderung für die geniale Leistung von Freud kann ich mich nicht entschließen, im vorliegenden Falle zu intervenieren. Ich kann über den Wahrheitsgehalt der Freud'schen Lehre nicht einmal für mich selbst eine Überzeugung gewinnen, viel weniger ein Urteil fällen, das auch für andere maßgebend sein soll. Ferner möchte ich Ihnen zu bedenken geben, daß es fraglich erscheint, ob die Leistung eines Psychologen wie Freud in den Bereich des Nobel-Preises für Medizin fällt, der doch wohl allein in Betracht gezogen werden kann.«[4]

Freud war natürlich von dieser abschlägigen Antwort informiert worden und hegte deshalb Einstein gegenüber gemischte Gefühle. An den deutsch-amerika-

---

2 Albert Einstein, *Über den Frieden*, S. 129.
3 Sigmund Freud / Sándor Ferenczi, *Briefwechsel*, Hrsg. von A. Haynal, Bd. III/2: 1925–1933, S. 126.
4 Christfried Tögel, »Freud, Einstein und das Institut für geistige Zusammenarbeit in Paris«, S. 83.

nischen Schriftsteller und Journalisten George Sylvester Viereck, der sowohl mit Einstein als auch mit Freud interessante Interviews geführt hatte, hatte Freud am 6. November 1929 geschrieben:

> »Ich hatte vor einigen Jahren eine lange Unterhaltung mit [Einstein], in der ich zu meiner Belustigung feststellte, dass er von der Psychoanalyse nicht mehr versteht als ich von der Mathematik. Ja, ich glaube, ich bin ihm darin vor; während ich wenigstens die Berechtigung des mathematischen Denkens voll einsehe, bestreitet er die Berechtigung der Psychologie.«[5]

Wenn sich Freud in *Warum Krieg?* auf Georg Christoph Lichtenberg bezieht, »der zur Zeit unserer Klassiker in Göttingen Physik lehrte, aber vielleicht [...] als Psycholog noch bedeutender [war] denn als Physiker«[6], handelt es sich wohl auch um eine verkappte Kritik an Einstein, der als Physiker bedeutend ist, aber nach Freuds Meinung von Psychologie recht wenig versteht. »Ganz selten ist die Handlung das Werk einer einzigen Triebregung, die an und für sich bereits aus Eros und Destruktion zusammengesetzt sein muß«, schreibt Freud.

> »Einer hat das bereits gewußt, [...] G. Ch. Lichtenberg. Er erfand die Motivenrose, indem er sagte: »Die Beweggründe woraus man etwas tut, könnten so wie die 32 Winde geordnet werden [...]«. Wenn also die Menschen zum Krieg aufgefordert werden, so mögen eine ganze Anzahl von Motiven in ihnen zustimmend antworten, edle und gemeine, solche, von denen man laut spricht, und andere, die man beschweigt.«[7]

Schon seit jeher ist Freud ein Lichtenberg-Verehrer gewesen. In einem Jugendbrief an Eduard Silberstein vom 2. Dezember 1874 schrieb er, die Lektüre Lichtenbergs bereite ihm ein »großes Vergnügen«[8]. Der skeptisch-ironische Aufklärer und kritische Rationalist Lichtenberg, den auch Friedrich Nietzsche, Karl Kraus und Ludwig Wittgenstein besonders bewunderten, ist in Freuds *Der Witz und seine Beziehungen zum Unbewussten* (1905) einer der meistzitierten Autoren, deren Witze wegen ihres Gedankeninhalts und ihre »Treffsicherheit« als »hervorragend« gelobt werden.[9]

Der Austausch zwischen Freud und Einstein hatte sich schon 1929–1930 intensiviert. Als Albert Einstein, der selbst ein engagierter Zionist war und im August 1929 an dem Zionistenkongress in Zürich teilnahm, Sigmund Freud um eine öffentliche Stellungnahme zugunsten des Zionismus bat, antwortete ihm Freud am 26. Februar 1930 mit einem Brief, in dem er in aller Deutlichkeit sowohl seine große Bewunderung der Leistungen der zionistischen Bewegung als auch

---
5 Albert Einstein, *Über den Frieden*, S. 202.
6 Sigmund Freud, *Warum Krieg?* GW XVI (im Folgenden abgekürzt durch »Freud, *Warum Krieg?*«), S. 21.
7 Ebda.
8 Sigmund Freud, *Jugendbriefe an Eduard Silberstein 1871–1881*, S. 87.
9 Sigmund Freud, *Der Witz und seine Beziehungen zum Unbewussten*, GW VI, S. 101.

seine grundsätzlichen Bedenken gegen die konkrete politische Umsetzung ihrer Ziele zum Ausdruck brachte.[10]

Das ehrenvolle Angebot des Völkerbund-Kommission konnte Freud kaum ablehnen. Im Juni 1932 erklärte er sich mit dem Projekt einverstanden und erhielt am 1. August Einsteins offenen Brief an ihn. Freuds Antwortbrief trägt das Datum »Wien, im September 1932« und ist viel länger als Einsteins Brief. In der Ausgabe der *Gesammelten Werke* umfasst er vierzehn Seiten. Nachdem er diesen Brief Freuds erhalten hatte, schrieb Einstein am 3. Dezember 1932 einen warmherzigen Dankesbrief:

> »Sie haben den Völkerbund und mich mit einer wahrhaft klassischen Antwort beglückt. Als ich Ihnen schrieb, war ich ganz durchdrungen von der Belanglosigkeit meines Schreibens, das nichts sein sollte als eine Dokumentierung des guten Willens [...]. Sie haben da wirklich etwas Herrliches hergegeben. Man kann nicht wissen, was aus solchem Samen wachsen wird, wie denn überhaupt Wirkung auf Menschen etwas Unberechenbares ist.«[11]

Und doch konnte Freud seine Animosität gegen Einstein nie völlig überwinden. Der Brief vom Mai 1936, in dem er auf Einsteins Gratulation zu seinem 80. Geburtstag antwortet, zeigt, dass die alten Kränkungen Freud immer noch weh taten:

> »Ich wusste natürlich immer, schreibt Freud, dass Sie mich nur ›aus Höflichkeit‹ bewundern, aber von all meinen Behauptungen sehr wenig glauben. Obwohl ich mich oft fragte, was daran eigentlich zu bewundern ist, wenn es nicht wahr ist, das heißt, nicht einen hohen Wahrheitsgehalt hat. Nebenbei, meinen Sie nicht, daß man mich viel besser behandelt hätte, wenn meine Lehren einen größeren Prozentsatz von Irrtum und Tollheit in ihre Zusammensetzung aufgenommen hätten?«[12]

Freud erhielt am 22. März 1933 die ersten Exemplare der Broschüre, am 27. März die französischsprachige und am 10. April die englischsprachige Fassung. *Warum Krieg?* wurde in Deutschland sofort verboten und fand in Österreich praktisch keine, vorerst nur im Ausland etwas Resonanz.

1932, das Jahr der letzten Chance für den Frieden

Im Rückblick erscheint das Entstehungsjahr von Einsteins und Freuds *Warum Krieg?* als das Jahr der letzten Chance für den Frieden. In jenem Jahr 1932 begann die Genfer Abrüstungskonferenz des Völkerbundes, die erfolglos blieb und im

---

10 Peter Gay, *Freud. A Life for Our Time*, S. 598.
11 Christfried Tögel, »Freud, Einstein und das Institut für geistige Zusammenarbeit in Paris«, 97f.
12 Sigmund Freud, *Briefe 1873–1939*, S. 433.

Juni 1934 beendet wurde. Um vor der Gefahr eines Versandens der Konferenz zu warnen, nahm Einstein im Mai 1932 an einer Tagung des Joint Peace Council in Genf teil, und verkündete die Leitsätze seiner pazifistischen Überzeugung: »Abschaffung der obligatorischen Wehrpflicht, unverzüglicher Abbruch der Rekrutierung und unverzüglicher Abbruch der Munitions- und Kriegswaffenproduktion [...]. Der Krieg lässt sich nicht humanisieren, nur abschaffen.«[13]

Im Mai 1932 veröffentlichten die französischen Schriftsteller Henri Barbusse und Romain Rolland in der Zeitung *L'Humanité*, dem Zentralorgan der französischen Kommunistischen Partei, einen Aufruf zur Abhaltung eines internationalen Antikriegs-Kongresses in Genf. Der unmittelbare Anlass war der Angriff Japans auf die Mandschurei und die damit verbundene Bedrohung für die Sowjetunion. Hinter der Initiative von Barbusse und Rolland standen die französische KP und die Komintern. Dies erklärt die überwiegend ablehnende Reaktion der sozialistischen Parteien und Organisationen in ganz Europa. Friedrich Adler z. B. denunzierte ein propagandistisches Manöver der Kommunisten, an dem die österreichischen Sozialdemokraten nicht teilnehmen sollten.

In den intellektuellen Kreisen fand Barbusse' und Rollands Aufruf einen starken Widerhall. Albert Einstein und Heinrich Mann gehörten von Anfang an zum internationalen Initiativ-Komitee für den Antikriegs-Kongress. Dieses Gründungskomitee wurde in den darauffolgenden Monaten erweitert: Karl Kraus erklärte sich dazu bereit, als Vertreter Österreichs genannt zu werden.[14] Sigmund Freud unterzeichnete den Aufruf an die Ärzte aller Länder zur Unterstützung des Appells für einen Weltkongress gegen Krieg und Faschismus, den Felix Boenheim, Chefarzt der Inneren Abteilung des Hufeland-Hospitals Berlin und KPD-naher Kriegsgegner, auf Bitte von Barbusse an Kollegen verschickt hatte.[15]

Schließlich fand der »Internationale Kongress gegen imperialistische Kriege« Ende August 1932 in Amsterdam statt und beschloss u. a. die Gründung nationaler »Komitees gegen imperialistische Kriege«. Diesmal aber lehnte Einstein den Beitritt zum deutschen Komitee ab und schrieb im September 1932 an Barbusse:

»Nach reiflicher Überlegung sehe ich mich außerstande, dem Komitee beizutreten [...], obwohl die [von ihm] verfolgten Ziele ganz mit den meinigen übereinstimmen. Begründung: Der Amsterdamer Kongress war ganz unter russisch-kommunistischem Regime; auch die Resolution ist in dieser Phraseologie abgefasst.«[16]

---

13 Albert Einstein, *Über den Frieden*, 185f.
14 Karl Kraus, »Geht in Ordnung«, in *Die Fackel*, Nr. 876–884, Oktober 1932, S. 53f. Karl Kraus vertrat Österreich im sog. Kernkomitee zur Vorbereitung des Kongresses, nahm aber an dem Kongress in Amsterdam nicht teil (allerdings war sein Freund Karl Jaray dort anwesend).
15 Christfried Tögel, »Freud als Unterzeichner von Aufrufen«.
16 Albert Einstein, *Über den Frieden*, S. 198.

Einsteins Misstrauen gegenüber der Moskau-treuen Bewegung »gegen Krieg und Faschismus« führte ihn keineswegs dazu, sich dem Lager der antikommunistisch gesinnten Konservativen anzunähern. Als Graf Coudenhove-Kalergi ihn um Teilnahme an dem Führungsgremium des für den Herbst 1932 geplanten Kongresses der Paneuropa-Union bat, antwortete Einstein:

> »Sie haben gegen das heutige Russland eine ausgesprochen feindliche Haltung angenommen. [...] Auch ich billige vieles nicht, was in Russland geschieht, noch weniger aber die Methoden, mit denen man versucht, den einzig ernsthaften Versuch der Schaffung einer vernünftigen und gerechten wirtschaftlichen Organisation mit Gewalt zu unterdrücken.«[17]

Einsteins Vorschläge zur Kriegsverhütung in *Warum Krieg?* – Eine Etappe auf dem Wege eines militanten Pazifisten

Wie kann man in Zukunft den Krieg verhüten und einen dauerhaften Frieden stiften? In seinem offenen Brief an Freud vom 30. Juli 1932, der den ersten Teil von *Warum Krieg?* bildet, beantwortet Einstein diese Frage mit dezidierten Forderungen: »Die Staaten schaffen eine legislative und gerichtliche Behörde zur Schlichtung aller zwischen ihnen entstehenden Konflikte«. Dies setzt »den bedingungslosen Verzicht der Staaten auf einen Teil ihrer Handlungsfreiheit bzw. Souveränität«[18] voraus. Dafür müsse man die Machtgelüste der herrschenden Schichten zurückdrängen und sie daran hindern, das Volk »ihren Gelüsten dienstbar zu machen«.[19] Einstein stellt abschließend diese Frage an Freud: »Gibt es eine Möglichkeit, die psychische Entwicklung des Menschen so zu leiten, dass sie den Psychosen des Hasses und des Vernichtens gegenüber widerstandsfähiger werden?«[20] Einstein hatte wohl einige Texte von Freud gelesen und fügte hinzu: »Im Menschen lebt ein Bedürfnis zu hassen und zu vernichten. Diese Anlage ist in gewöhnlichen Zeiten latent vorhanden und tritt dann nur beim Abnormalen zutage: sie kann aber verhältnismäßig leicht geweckt und zur Massenpsychose gesteigert werden.«[21] Nun erwartete er von Freud, dass er »auf Wege der Erziehung hinweisen kann, die auf einem gewissermaßen unpolitischen Wege psychologische Hindernisse zu beseitigen imstande sind.«[22]

---

17 Ebda, S. 220f.
18 Albert Einstein, offener Brief vom 30. Juli 1932 an Sigmund Freud (im Folgenden abgekürzt durch »Einstein an Freud 30.7.1932«), siehe unten, S. 122.
19 Ebda, S. 123.
20 Ebda.
21 Ebda.
22 Ebda, S. 121.

Einstein steht in der Tradition von Kants Aufsatz *Zum Ewigen Frieden. Ein philosophischer Entwurf* aus dem Jahre 1795. In diesem Text fragte sich Kant, wie der Frieden verwirklicht werden kann, obwohl die Herrscher ihn aus Machtinteressen nicht wollen [und obwohl] der Mensch in seinem zwiespältigen Wesen nicht fähig [ist], ihn herbeizuführen. Kants Antwort auf diese Fragen war erstens, dass die Verfassung der Staaten »republikanisch« sein sollte und Institutionen besitzen müsste, durch die der Mensch, »wenngleich nicht ein moralisch-guter Mensch, ein guter Bürger zu sein gezwungen wird«[23], und zweitens, dass ein »Friedensbund« – als Antizipation des Völkerbunds und der heutigen Vereinten Nationen – geschaffen werden müsste.

Albert Einstein, der 1921 den Nobelpreis für Physik erhalten hatte, war zur Zeit der Entstehung von *Warum Krieg?* einer der weltberühmtesten Naturwissenschaftler. Er war auch eine leitende Gestalt der pazifistischen Bewegung. 1915 war er dem pazifistischen Bund »Neues Vaterland« beigetreten. Am 16. September 1915 hatte er Romain Rolland – eine Bezugsfigur der Pazifisten seit dem Erscheinen des Manifests *Au-dessus de la mêlée* (*Über dem Schlachtgetümmel*) im *Journal de Genève* vom 15. September 1914 – in Vevey am Genfer See besucht.

Im 1916 vom Berliner Goethebund herausgegebenen Sammelband *Das Land Goethes* steht ein Beitrag Einsteins, in dem er schreibt, dass »der Krieg zu den ärgsten Feinden der menschlichen Entwicklung gehört«[24], neben dem Aufsatz von Sigmund Freud über »Vergänglichkeit«, in dem Freud beklagt »[der Krieg habe,] unseren Stolz auf die Errungenschaften unserer Kultur gebrochen«[25].

Der Kontrast zwischen Einsteins radikal pazifistischer Position und Freuds melancholisch-pessimistischer Tonlage ist auffällig. Ebenso auffällig ist der Unterschied zwischen Einsteins und Freuds Beiträgen zur Festschrift zum sechzigsten Geburtstag von Romain Rolland, dem *Liber amicorum* (*Buch der Freunde*), im Jahr 1926. Enthusiastisch pazifistisch ist Einsteins Beitrag:

> »Heute grüßt Sie die Gemeinde derer, die in Ihnen ein leuchtendes Vorbild sehen. Es ist die Gemeinschaft der einsamen Menschen, die immun sind gegen die Epidemien des Hasses, die in der Abschaffung des Kriegs ein erstes Ziel der moralischen Gesundung der Menschheit erstreben, das ihnen unvergleichlich wichtiger erscheint, als das Sonderinteresse der eigenen Nation oder des eigenen Staates.«[26]

Deutlich kürzer und bei aller Herzlichkeit verhaltener fällt Freuds Hommage an Rolland aus:

> »Lange Jahre, ehe ich Sie sah, hatte ich Sie als Künstler und als Apostel der Menschenliebe geehrt. Der Menschenliebe hing ich selbst an, nicht aus Motiven der Senti-

---

23 Kant, Immanuel, *Zum ewigen Frieden. Ein philosophischer Entwurf*, S. 224.
24 *Das Land Goethes, 1914–1916: ein vaterländisches Gedenkbuch*, S. 30.
25 Ebda, S. 37f.; *Vergänglichkeit*, GW X, S. 360.
26 *Liber amicorum Romain Rolland*, S. 144.

mentalität oder der Idealforderung, sondern aus nüchternen ökonomischen Gründen, weil ich sie, bei der Gegebenheit unserer Triebanlage und unserer Umwelt, für die Erhaltung der Menschheit für ebenso unerlässlich erklären musste wie etwa die Technik.«[27]

Als Demokrat sah es Einstein als Recht und Pflicht des Individuums, sich durch Verweigerung und zivilen Ungehorsam zu wehren, wenn der Staat ihm Handlungen vorschreibt, die das eigene Gewissen als Unrecht verwirft. In dem schon erwähnten Genfer Vortrag vor dem Joint Peace Council fasste er 1932 ohne jedes Zugeständnis an die guten diplomatischen Manieren seine pazifistischen Überzeugungen zusammen und verlangte, dass die Abrüstungskonferenz des Völkerbunds sich nicht nur mit einer Vereinbarung über zulässige und verbotene Waffen zufriedengebe, die in seinen Augen eine scheinheilige Halbheit gewesen wäre. Umso aufsehenerregender war Einsteins Meinungsumschwung nach der nazistischen Machtergreifung. Ab 1933 distanzierte er sich von seinem absoluten Pazifismus und empfahl den westlichen Regierungen, sich auf einen Angriffskrieg durch militärische Aufrüstung vorzubereiten. Die Kriegsdienstverweigerung in den von Nazi-Deutschland bedrohten Ländern hielt er nunmehr für eine unverantwortliche Position. Diese politische Kehrtwendung befremdete viele Freunde Einsteins. In einem Brief vom September 1933 an Stefan Zweig schrieb Romain Rolland:

> »Einstein ist als Freund einer Sache gefährlicher als ihr Feind. Genie hat er nur in seiner Wissenschaft. Auf anderen Gebieten ist er ein Tor. Seine Erklärungen, die er vor 2 Jahren zugunsten der Wehrdienstverweigerung in Amerika abgab, waren absurd und haltlos. [...] Zu glauben und junge Menschen glauben zu machen, dass ihre Verweigerung den Krieg aufhalten könnte, war von verbrecherischer Naivität. [...] Nun macht er eine Kehrtwendung und verrät die Kriegsdienstverweigerer mit derselben Leichtfertigkeit, mit der er sie gestern unterstützte.«[28]

Am 2. August 1939, vier Wochen vor dem deutschen Überfall auf Polen und dem Ausbruch des Zweiten Weltkriegs unterzeichnete Einstein einen Appell an Präsident Roosevelt, die militärische Anwendbarkeit der Atomkraft zu prüfen, bevor die neuentdeckte Uranspaltung von den Nazis ausgenutzt werden könnte. In dieser Weise machte sich Einstein indirekt mitverantwortlich für die Atombombenabwürfe auf Hiroshima und Nagasaki. »Dies hielt ich für nötig angesichts der furchtbaren Gefahr, dass die Nazi-Regierung zuerst in den Besitz der Atomwaffe hätte kommen können«[29], erklärte er im Jahre 1952.

---

27 Ebda, S. 152.
28 Romain Rolland / Stefan Zweig, *Briefwechsel 1910–1940*, Bd. 2, S. 535f.
29 Albert Einstein, *Über den Frieden*, S. 567.

Recht und Gewalt

In der letzten Phase der Vorbereitung der Druckvorlage machte das Internationale Institut für geistige Zusammenarbeit den Vorschlag, den Briefwechsel zwischen Einstein und Freud unter dem Titel *Recht und Macht* zu veröffentlichen. Eine Stelle in Einsteins offenem Brief an Freud legte diese Überschrift nahe. Um Kriege zu verhüten, sollte eine überstaatliche Organisation geschaffen werden, schrieb Einstein, der die Macht übertragen werden sollte, die zwischen den Staaten entstehenden Konflikte im Namen des internationalen Rechts zu schlichten. Einstein fügte hinzu:

> »Recht und Macht sind unzertrennlich verbunden, und die Sprüche eines Rechtsorgans nähern sich umso mehr dem Gerechtigkeitsideal der Gemeinschaft, in deren Namen und Interesse Recht gesprochen wird, je mehr Machtmittel diese Gemeinschaft aufbringen kann, um die Respektierung ihres Gerechtigkeitsideals zu erzwingen.«[30]

Nun aber erklärte sich Freud mit dem Titel *Recht und Macht* unzufrieden. Am 23. Dezember 1932 schrieb er an André Cœuroy, den Generalsekretär des Internationalen Instituts für geistige Zusammenarbeit, um diesen Titel als »völlig unzureichend und irreführend«[31] abzulehnen und stattdessen *Warum Krieg?* (auf Französisch *Pourquoi la guerre?*) in Vorschlag zu bringen. Anfang Dezember 1932 war Einstein nach Pasadena (Kalifornien) verreist, so dass die endgültige Entscheidung über den Titel der Broschüre ohne ihn getroffen wurde – und zugunsten des freudschen Vorschlags fiel.

In *Warum Krieg?* bezieht sich Freud ausdrücklich auf Einsteins Bemerkung zum Thema Recht und Macht. »Sie beginnen mit dem Verhältnis von Recht und Macht. [...] Darf ich das Wort ›Macht‹ durch das grellere, härtere Wort ›Gewalt‹ ersetzen?«[32] Und er setzt fort: »Recht und Gewalt sind uns heute Gegensätze. Es ist leicht zu zeigen, dass sich das eine aus dem anderen entwickelt hat. [...] Gewalt wird gebrochen durch die Einigung, die Macht dieser Geeinigten stellt nun das Recht dar im Gegensatz zur Gewalt des Einzelnen. [...] Es ist noch immer Gewalt, bereit sich gegen jeden Einzelnen zu wenden.«[33]

Diese Dekonstruktion des konventionellen Gegensatzes Recht vs. Gewalt bereitet in Freuds Text die nächste noch gewagtere Dekonstruktion des Gegensatzes Friede vs. Krieg. Der Rechtsstaat wie das internationale Friedensrecht ergeben sich aus dem Einsatz einer institutionellen Gewalt – der Zentralgewalt eines Staats oder einer internationalen Organisation – gegen die Herrschaft der größeren Macht. »Das Recht ist die Macht einer Gemeinschaft. Es ist noch immer

---

30 Einstein an Freud 30.7.1932, siehe unten, S. 122.
31 Sigmund Freud, Brief an André Cœuroy vom 23.12.1932.
32 Freud, *Warum Krieg?* S. 14.
33 Ebda, S. 14f.

Gewalt, bereit sich gegen jeden Einzelnen zu wenden, der sich ihr widersetzt.«[34] Einige Seiten weiter betont Freud: »Es ist ein Fehler in der Rechnung, wenn man nicht berücksichtigt, dass Recht ursprünglich rohe Gewalt war und noch heute der Stützung durch die Gewalt nicht entbehren kann.«[35] Nach dem gleichen Modell zeigt Freud in *Warum Krieg?*, dass der Friede erst dann gestiftet werden kann, wenn die Gewalt der dem Kulturideal entsprechenden sittlichen Gebote im inneren Konflikt, der in jedem Individuum ausgetragen wird, und in den Beziehungen zwischen den Staaten und Nationen die entgegengesetzte Gewalt der Aggressionstriebe besiegt. Gegen die allzu einfache Polarität von Gewalt/Krieg/Aggressionstrieb auf der einen Seite und Recht/Friede/Eros auf der anderen Seite, gegen »die theoretische Verklärung des weltbekannten Gegensatzes von Lieben und Hassen« behauptet Freud, dass »der eine dieser Triebe ebenso unerlässlich ist wie der andere. Aus dem Zusammen- und Gegeneinanderwirken der Beiden gehen die Erscheinungen des Lebens hervor.«[36] Dieses Zusammen- und Gegeneinanderwirken des Eros und des Aggressionstriebs bringt ebenfalls die Kulturentwicklung, bzw. den Zivilisationsprozess in Bewegung.

Wie man sieht, bildet Freuds Antwort auf Einsteins Betrachtungen über Macht und Recht im Zusammenhang des Briefwechsels zum Thema Krieg und Frieden keine Abschweifung, sondern eine Einleitung in die Denkmethode der psychoanalytischen Anthropologie. Als er den vom Internationalen Institut für geistige Zusammenarbeit vorgeschlagenen Titel »Recht und Macht« ablehnte, wollte Freud die Bedeutung der Frage nach dem Verhältnis von Recht, Macht und Gewalt keineswegs in Abrede stellen, sondern vielmehr betonen, dass die damit verknüpfte Frage nach den Möglichkeiten der Kriegsverhütung und der Friedensstiftung den eigentlichen Schwerpunkt der geplanten Publikation bilde und in deren Überschrift besser zur Geltung kommen müsse.

Dass Freud die Problematik von Recht und Gewalt für besonders wichtig hielt, geht aus dem Teilabdruck seines Beitrags zu *Warum Krieg?* in der Zeitschrift *Die psychoanalytische Bewegung* unter dem Titel »Über Recht, Gewalt und ihre Triebgrundlage« klar hervor. In diesem Abdruck der ersten zehn Seiten von Freuds Antwort auf Einsteins offenen Brief vom 30. Juli 1932 wurden alle Stellen, die an den Dialog mit Einstein anknüpfen, ausgelassen. In der Fußnote 1 wurde von der Redaktion der Zeitschrift erklärt: »Wir entnehmen diese Erörterung dem eben vom Internationalen Institut für geistige Zusammenarbeit, Paris, herausgegebenen Büchlein »Warum Krieg?« Ein Briefwechsel zwischen Albert Einstein und Sigmund Freud.«[37]

---

34 Ebda, S. 15.
35 Ebda, S. 19f.
36 Ebda, S. 20.
37 Sigmund Freud, »Über Recht, Gewalt und ihre Triebgrundlage«, S. 207.

Sigmund Freuds Anthropologie des Kriegs

1930, zwei Jahre vor der Niederschrift seiner Antwort auf den offenen Brief Albert Einsteins, hatte Freud in *Das Unbehagen in der Kultur* die berühmte Formel zitiert, die zum ersten Mal in der *Asineria* (*Eselkomödie*) von Plautus vorkommt, und die u. a. Montaigne, Hobbes und Schopenhauer angeführt haben: *homo homini lupus*.

> »Der Mensch [ist] nicht ein sanftes, liebebedürftiges Wesen, das sich höchstens, wenn angegriffen, auch zu verteidigen vermag, [...] er [darf] zu seinen Triebbegabungen auch einen mächtigen Anteil von Aggressionsneigung rechnen. [...] *Homo homini lupus*. Die Kultur muß alles aufbieten, um den Aggressionstrieben der Menschen Schranken zu setzen.«[38]

Selbst unter sonst nahestehenden Kulturräumen kann der »Narzissmus der kleinen Differenzen« zu Kriegen führen, schreibt Freud im *Unbehagen in der Kultur*, da es immer möglich ist, »eine größere Menge von Menschen in Liebe aneinander zu binden, wenn nur andere für die Äußerung der Aggression übrigbleiben.«[39]

Im Zentrum der Freudschen Kulturauffassung steht der Widerspruch von Kultur- und Triebansprüchen. Dieser Widerspruch ist aber keineswegs als der Gegensatz zwischen Gewaltfreiheit auf der Seite der Kultur und Aggressionstrieben auf der Seite des Kriegs zu verstehen. Die Kultur ist für Freud ein mit Gewalt gefestigter Herrschaftszusammenhang: »Die Kultur ist etwas, was einer widerstrebenden Mehrheit von einer Minderzahl auferlegt wurde, die es verstanden hat, sich in den Besitz von Macht- und Zwangsmitteln zu setzen«[40], schreibt Freud in der *Zukunft einer Illusion* aus dem Jahre 1927.

Der Kultur-, bzw. der Zivilisationsprozess beginnt, wenn das Individuum daran gehindert wird, seine aggressiven Impulse auszuleben, und diese Impulse gegen sich selbst wenden muss. Alles was man unter den Begriffen »Gewissen« und »Schuldgefühl« versteht, die Introjektion des Kultur-Ideals in das Über-Ich, die Beherrschung von Ich und Es durch das Über-Ich, setzt voraus, dass die Gewalt des Aggressionstriebs von der Kultur selbst eingesetzt wird, um die der Kultur entgegenstehende Aggression zu hemmen. Freud schreibt im Kapitel VII des *Unbehagen in der Kultur*:

> »Die Aggression wird introjiziert, verinnerlicht, eigentlich aber dorthin zurückgeschickt, woher sie gekommen ist, also gegen das eigene Ich gewendet. [...] Die Kultur bewältigt also die gefährliche Aggressionslust des Individuums, indem sie es schwächt,

---

38 Sigmund Freud, *Das Unbehagen in der Kultur*, GW XIV, 470f.
39 Ebda, S. 473.
40 Sigmund Freud, *Die Zukunft einer Illusion*, GW XIV, S. 327.

entwaffnet und durch eine Instanz in seinem Inneren, wie durch eine Besatzung in der eroberten Stadt, überwachen lässt.«[41]

Im Lichte der freudschen Psycho-Anthropologie wird der Frieden erst dann gestiftet, wenn die Gewalt der Kulturgebote im inneren Konflikt, der in jedem Individuum ausgetragen wird, den Sieg über die entgegengesetzte Gewalt der Aggressions- und Destruktionstriebe davongetragen hat. Beide Gewalten schöpfen aus dem Aggressionspotential ihre Wirkungskraft: Im Dienst des Zivilisationsprozesses wird die Aggression gegen das eigene Ich gewendet; wenn aber das Individuum im Kriegsgeschehen verstrickt ist, kehrt sich die Aggression zur Abwehr der Lebensgefahr und zur Bekämpfung der »Feindes« wieder nach außen. Der von den Kulturmenschen zurückgelegte Bildungsweg zur Humanität müsste die angeborene Triebanlage verändert, sozusagen verbessert haben, damit die Regression zum Urmenschen unmöglich würde. Freud hält aber alle zeitgenössischen Projekte der Erziehung des Menschengeschlechts zum »neuen Menschen« für Utopien. Sind wir alle Pazifisten und potentielle Bellizisten zugleich? So einfach ist Freuds Auffassung nicht: Gerade in *Warum Krieg?* erklärt er, der Kulturmensch sei zum »Pazifisten aus organischen Gründen« geworden. Dieser Punkt soll weiter unten näher behandelt werden.

Kein »Arzt der Kultur«

Am Anfang von *Warum Krieg?* gesteht Freud seine politische »Inkompetenz« ein.

> »Sie haben mich […] durch die Fragestellung überrascht«, schreibt er an Albert Einstein, »was man tun könne, um das Verhängnis des Krieges von den Menschen abzuwehren. Ich erschrak zunächst unter dem Eindruck meiner – fast hätte ich gesagt: unserer – Inkompetenz, denn das erschien mir als eine praktische Aufgabe, die den Staatsmännern zufällt.«[42]

Als Vertreter der altliberalen politischen Kultur, die seit dem Untergang der Habsburgermonarchie in die »Welt von gestern« abgedrängt worden ist, hat Freud für die kommunistische Weltanschauung, die z. B. den von Barbusse und Rolland initiierten internationalen Kongress gegen den imperialistischen Krieg in Amsterdam beherrscht, keine Sympathie. In *Warum Krieg?* schreibt er:

> »Es gibt Personen, die vorhersagen, erst das allgemeine Durchdringen der bolschewistischen Denkungsart werde den Kriegen ein Ende machen können, aber von solchem

---

41 Sigmund Freud, *Das Unbehagen in der Kultur*, GW XIV, S. 482f.
42 Freud, *Warum Krieg?* S. 13.

Ziel sind wir heute jedenfalls weit entfernt, und vielleicht wäre es nur nach schrecklichen Bürgerkriegen erreichbar.«[43]

Angesichts der von den westlichen Demokratien auf den Völkerbund als übernationale Instanz der Kriegsverhütung gesetzten Hoffnungen hegt Freud jedoch gemischte Gefühle. Seit 1930 arbeitet er zusammen mit William Bullitt an einer kritischen Charakterstudie des amerikanischen Präsidenten Thomas Woodrow Wilson. Freud hatte für Bullitts hasserfülltes Ressentiment gegen Wilson viel Verständnis. Er hielt dessen Vierzehn-Punkte-Programm zur Friedensstiftung in Europa und in der Welt für ein fehlgeleitetes Projekt, das »fast in allen Punkten das Gegenteil von dem herbeigeführt hat, was [es] erreichen wollte«[44], wie er in der geplanten Einleitung zur Wilson-Monografie behauptet. Die Errichtung eines Völkerbunds war ja der vierzehnte Punkt, gleichsam der Höhepunkt auf Wilsons Wunschliste.

In Freuds Augen war Wilson ein idealistischer Schwärmer, der

»wiederholt versicherte, dass ihm bloße Tatsachen nichts bedeuten, dass er nichts anderes als menschliche Gesinnungen und Absichten hochschätze. Infolge dieser Einstellung war es ihm natürlich, die Tatsachen der realen Außenwelt in seinem Denken zurückzudrängen, ja zu verleugnen, wenn sie seinen Erwartungen und Wünschen widersprachen.«[45]

Freud selbst vertrat den Standpunkt des politischen Realismus und misstraute allen Formen des sich Illusionen hingebenden Wunschdenkens. Auch die Möglichkeit einer Befriedung der Welt, wie sie der militante Pazifismus Einsteins anstrebte, war in seinen Augen eine Illusion, eine zweifellos edle und doch wirklichkeitsfremde Vorstellung.

Deshalb zeigt sich Freud in seiner Antwort auf Einsteins offenen Brief über die Wirkungsmöglichkeiten des Völkerbundes skeptisch. »Der Völkerbund hat keine eigene Macht und kann sie nur bekommen, wenn die Mitglieder der neuen Einigung, die einzelnen Staaten, sie ihm abtreten. Dazu scheint aber derzeit wenig Aussicht vorhanden.«[46] Die neue internationale Organisation sei die aktuelle Form der alten Idee einer durch »den Zwang der Gewalt und die Gefühlsbindungen« zusammengehaltenen Gemeinschaft der Staaten, meint Freud, die an die historischen Modelle der panhellenischen Idee und des »christlichen Gemeingefühls« erinnere, die aber die »kriegerischen Streitigkeiten zwischen den Partikeln des Griechenvolkes« und die Kriege der christlichen Klein- und Großstaaten keineswegs verhindert hätten. Heute sei aber die Macht der Ideen,

---

43 Ebda, S. 19.
44 Sigmund Freud, *Einleitung zu S. Freud und W. C. Bullitt, »Thomas Woodrow Wilson«*, GW, Nachtragsband, S. 688.
45 Ebda, S. 687.
46 Freud, *Warum Krieg?* S. 18.

die zur Gründung des Völkerbunds geführt hätten, schwächer denn je. »Dass die heute die Völker beherrschenden nationalen Ideale zu einer gegenteiligen Wirkung drängen, ist ja allzu deutlich. [...] So scheint es, dass der Versuch, reale Macht durch die Macht der Ideen zu ersetzen, heute noch zum Fehlschlagen verurteilt ist.«[47]

Freuds distanzierte Haltung gegenüber dem Völkerbund erklärte sich zudem aus seinem Gefühl, bisher von dieser internationalen Organisation nicht ernstgenommen worden zu sein. Dies zeigt seine Reaktion auf den Brief von Leo Steinig, dem Mitarbeiter der Internationalen Kommission für geistige Zusammenarbeit des Völkerbunds, der ihm am 16. Juni das Projekt eines Dialogs mit Einstein unterbreitet hatte, dessen Themen er so skizzierte:

> »Die Psychoanalyse und die Friedensbewegung; der Anteil des Unbewussten am Ausbruch kriegerischer Konflikte; Aggressionstrieb und Krieg; Anwendung neuer aus der Psychoanalyse sich ergebender Grundsätze auf die Erziehung, in der Absicht, den Aggressionstrieb sozialen (aufbauenden und erhaltenden) Tendenzen dienstbar zu machen und seine antisoziale (zerstörende, vor allem kriegerische) Betätigung einzudämmen.«[48]

Freuds Antwort vom 21. Juni 1932 zeugt von seiner Erleichterung, von dem Völkerbund nicht länger ignoriert zu werden:

> »Die Worte, in denen Sie Ihre und Einsteins Erwartungen von einer zukünftigen Rolle der Psychoanalyse im Menschen- und Völkerleben ausdrücken, klingen mir echt und mußten mir außerordentlich wohl tun. Es war mir keine geringe Kränkung, daß ich bisher von seiten des Völkerbundes nicht das geringste Zeichen einer Teilnahme für unsere Bemühungen gemerkt habe, während wir unsere Arbeit nur unter den größten sozialen und materiellen Schwierigkeiten aufrecht halten können. Praktische wie ideale Gesichtspunkte treffen also zusammen, um mich zu bewegen, daß ich mich dem Institut für geistige Zusammenarbeit mit dem ganzen Rest meiner Kräfte zur Verfügung stelle.«[49]

Wenn Freud hier die bisherige Gleichgültigkeit des Völkerbunds gegenüber der Psychoanalyse beklagt, meint er wahrscheinlich mehr als die ideelle Anerkennung, die er vermisst habe. Eine Stelle in der Rezension von Edward Glovers 1933 erschienenen Buch über Krieg, Sadismus und Pazifismus, das im Folgenden noch besprochen werden soll, macht fühlbar, wie unzufrieden Freud und seine Mitstreiter mit dem Völkerbund waren:

> »Wie viele Millionen wurden bisher vom Völkerbund oder ihm angegliederten Vereinigungen zur psychologischen Erforschung der auf Krieg hinzielenden menschlichen

---

47 Ebda, S. 19.
48 Christfried Tögel, »Freud, Einstein und das Institut für geistige Zusammenarbeit in Paris«, S. 87.
49 Ebda, S. 89.

Triebe verwendet? [...] Nicht einen Pfennig widmet der Völkerbund der Aufhellung dieser ihn nahe angehenden Probleme.«[50]

Freud, der so lange als Verfechter einer neuen wissenschaftlichen Disziplin verkannt oder abgelehnt wurde, soll nun die Rolle eines großen Meisterdenkers übernehmen und als international angesehener Intellektueller Fragen beantworten, die sich nicht aus der Logik der eigenen Forschung, sondern aus den hohen Erwartungen des Pariser Völkerbundinstituts und Albert Einsteins ergeben. In seinem Beitrag zu *Warum Krieg?* bemüht sich Freud, aus diesem ehrenvollen Angebot das Beste zu machen und zugleich so wenig wie möglich Zugeständnisse an die Rhetorik des Völkerbunds, die er für eine hohe Phrasendrescherei hält, zu konzedieren.

Leo Steinig berichtete am 12. September 1932 in einem Brief an Albert Einstein:

»Professor Freud, den ich in Wien besucht habe, [...] will seine Antwort Anfang Oktober fertigstellen und meinte, dass er wenig Erfreuliches zu sagen haben wird: ›Ich habe den Menschen mein Leben lang schwer zu ertragende Wahrheiten sagen müssen; auf meine alten Tage kann ich ihnen nicht Honig auf den Mund schmieren.‹ Er zweifelte sogar daran, ob [Henri] Bonnet [Direktor des Instituts für intellektuelle Zusammenarbeit, Paris] seine pessimistische Antwort wird veröffentlichen wollen...«[51]

Noch etwas in Einsteins offenem, an ihn gerichteten Brief hat Freud gestört. Im letzten Abschnitt fordert ihn Einstein dazu auf, »das Problem der Befriedung der Welt im Lichte seiner neuen Erkenntnisse besonders darzustellen«[52] – als ob Freud der »philosophische Arzt der Kultur im ausnahmsweisen Sinne des Wortes« wäre, von dem Nietzsche 1887 im Vorwort zur zweiten Ausgabe der *Fröhlichen Wissenschaft* träumte, – ein Arzt, der »dem Problem der Gesamt-Gesundheit von Volk, Zeit, Rasse, Menschheit nachzugehen hat.«[53] Nun aber war sich Freud immer der Schwierigkeit, ja der schlichten Unmöglichkeit bewusst, die Methode der psychoanalytischen Therapie auf das nichttherapeutische Terrain der Kulturanalyse zu übertragen.

Außerdem wird das Problem der »Gesamtgesundheit« von Volk und Menschheit bei Freud im Zusammenhang mit dem unvermeidlichen Unbehagen in der Kultur gestellt. Sein letztes Wort zu dieser Frage hat er im *Abriss der Psychoanalyse* ausgesprochen:

»[Man darf] nicht vergessen, auch den Kultureinfluss unter die Bedingungen der Neurose aufzunehmen. Der Barbar, erkennen wir, hat es leicht gesund zu sein, für den Kulturmenschen ist es eine schwere Aufgabe. Die Sehnsucht nach einem starken un-

---

50 C. S., »Krieg, Sadismus und Pazifismus«, S. 531.
51 Albert Einstein, *Über den Frieden*, S. 207f.
52 Einstein an Freud 30.7.1932, siehe unten, S. 123.
53 Friedrich Nietzsche, KSA 3, S. 349.

gehemmten Ich mögen wir begreiflich finden; wie uns die gegenwärtige Zeit lehrt, ist sie im tiefsten Sinn kulturfeindlich.«[54]

Wenn sich ein Psychoanalytiker vorwagt, als Psychotherapeut seiner Gesellschaft aufzutreten, ohne die Methode der psychoanalytischen Sozialpsychologie geklärt zu haben, ist das Resultat manchmal recht dünn. Diesen Eindruck erweckt z. B. der Essay des schottischen Psychoanalytikers Edward Glover, *War, Sadism & Pacifism,* der 1933 einige Monate später als *Warum Krieg?* in London erschien und ebenfalls im Umfeld des Völkerbunds entstand.

»In the summer of 1931, I was invited to lecture at a Summer School of the International Federation of League of Nations Societies at Geneva. The organizer of this School (Captain Lothian Small) felt that it was desirable for students to know just how much light could be thrown on war problems by modern psycho-analytical psychology.«[55]

So schreibt der Autor im Vorwort. Edward Glover stellt seinem Buch ein Zitat aus Freuds Beitrag zu *Warum Krieg?* voran und geht von der Annahme aus, dass man erst dann »den Krieg abschaffen« kann, wenn man zuerst die »sadistischen Impulse« und die Geschichte ihrer Unterdrückung untersucht.

»The first effective step towards abolishing war must be the must complete investigation and individual understanding of the nature of sadistic impulses, their original form, strength and depth, the history of their modification and inhibition. This will entail equally complete understanding of the defence mechanisms whereby we succeed in remaining unaware of our sadistic urges.«[56]

Der psychoanalytisch fundierte Pazifismus wird das Sechste Gebot »Du sollst nicht morden« durch »a new sixth commandment: *Know thine own (unconscious) sadism*«[57] ersetzen.

1915 hatte Ernest Jones schon versucht[58], die unbewussten Ursachen des Ersten Weltkriegs zu beschreiben, in dem er die Bedeutung der prägenitalen und anal-destruktiven Aggression sowie des Sadismus hervorhob. »Der Krieg erlaubte es, einen frühkindlich verdrängten Analsadismus zu legalisieren und ihm auf grausamste Weise Ausdruck zu verschaffen.«[59] Jones hatte sich jedoch nicht als Psychotherapeut der Gesellschaft in der Art und Weise von Glover vorgewagt.

Otto Fenichel setzte sich mit der Schrift Edward Glovers kritisch auseinander und warnte vor dessen Rückfall in den Psychologismus.

---

54 Sigmund Freud, *Abriss der Psychoanalyse,* GW XVII, S. 112.
55 Edward Glover, *War, Sadism & Pacifism Three Essays,* S. 5.
56 Ebda, S. 43.
57 Ebda, S. 48.
58 Vgl. Ernest Jones, »War and Individual Psychology«.
59 Riccardo Steiner, »Erste Versuche britischer Psychoanalytiker, die gesellschaftspolitischen Probleme ihrer Zeit zu analysieren«, S. 213.

»Dass die Massen hineingezogen werden, ist nicht den Trieben der Massen zu verdanken, sondern dem Umstand, dass [...] die Menschen, die in wahren Interessengegensätzen stehen, die Macht auch über jene haben, die nicht in objektiven Interessengegensätzen stehen. Die Macht benutzen sie, um jene einmal durch Angst zu zwingen, dann aber auch, um ihre (aggressiven und anderen) Strukturen (etwa durch Erziehung) in einem ihnen erwünschten Sinne zu ändern.«[60]

Fenichels Kritik an Glovers *War, Sadism & Pacifism* macht auf die grundsätzliche Schwierigkeit der Anwendung der Psychoanalyse auf so komplexe Fragen wie die Suche nach den Ursachen des Kriegs aufmerksam. Bei Glover wird die kriegführende Nation als Großindividuum aufgefasst, dessen Aggressionspotential sich aus der Summierung der individuellen Aggressionstriebe ergibt. Dabei wird die innere, konfliktreiche Pluralität der nationalen Gemeinschaft zu wenig berücksichtigt. Ebenfalls wird die Rolle der beherrschenden Schicht unterschätzt, die die Bevölkerung manipuliert, um sie »ihren Gelüsten dienstbar zu machen«[61], wie Einstein in seinem offenen Brief an Freud schreibt, und jeden Opponenten als inneren Feind unterdrückt. Fenichel wollte vor einem zu schnellen Übergang von der Analyse der individuellen Psyche zur Gruppenpsychologie warnen und daran erinnern, dass die Frage »Warum Krieg?« von der Psychoanalyse allein und ohne den Beitrag der Sozialwissenschaften kaum beantwortet werden kann.

Freud selbst hat sich von Glovers Buch nicht ausdrücklich distanziert. In *Warum Krieg?* verfährt er aber viel vorsichtiger als sein schottischer Schüler. Als Antwort auf Einsteins Brief unternimmt er es »ein Stück der Trieblehre vorzutragen, zu der wir in der Psychoanalyse nach vielem Tasten und Schwanken gekommen sind«[62], und zeigt noch einmal, wie meisterhaft er seine Theorien zusammenzufassen und dabei auf prägnante Formeln zu bringen vermag. Das Kernstück des freudschen Beitrags zu *Warum Krieg?* hat das Niveau der *Neuen Folge der Vorlesungen zur Einführung in die Psychoanalyse*, an der Freud 1932 gerade arbeitete, als er Einsteins offenen Brief erhielt.

Sein Schluss muss Einstein und die Mitglieder der Internationalen Instituts für geistige Zusammenarbeit ernüchtert haben: »Es hat keine Aussicht, die aggressiven Neigungen der Menschen abschaffen zu wollen. [...] Wenn die Bereitwilligkeit zum Krieg ein Ausfluß des Destruktionstriebs ist, so liegt es nahe, gegen sie den Gegenspieler dieses Triebes, den Eros, anzurufen. Alles, was Gefühlsbindungen unter den Menschen herstellt, muss dem Krieg entgegenwirken.«[63] Diese Lösung verspreche aber keinen raschen Erfolg. »Ungern denkt man

---

60 Otto Fenichel, »Über Psychoanalyse, Krieg und Frieden«, 137.
61 Einstein an Freud 30.7.1932, siehe unten, S. 123.
62 Freud, *Warum Krieg?* S. 20.
63 Ebda, S. 23.

an Mühlen, die so langsam mahlen, dass man verhungern könnte, ehe man das Mehl bekommt.«⁶⁴

Die Anrufung des Eros als treibende Kraft des Kulturprozesses und als Gegenspieler des Destruktionstriebs konnte umso mehr überraschen, als Freud in *Das Unbehagen in der Kultur* »den Gegensatz zwischen Kultur und Sexualität davon [ableitete], daß die sexuelle Liebe ein Verhältnis zwischen zwei Personen ist, bei dem ein Dritter nur überflüssig oder störend sein kann, während die Kultur auf Beziehungen unter einer größeren Menschenanzahl ruht.«⁶⁵ Dieser Befund hinderte ihn nicht daran, etwas weiter zu schreiben, die Kultur

> »sei ein besonderer Prozeß im Dienste des Eros, der vereinzelte menschliche Individuen, später Familien, dann Stämme, Völker, Nationen zu einer großen Einheit, der Menschheit, zusammenfassen wolle. Warum das geschehe müsse, wissen wir nicht; das sei eben das Werk des Eros.«⁶⁶

Über Schlafwandler, die in den Krieg ziehen

»Warum Krieg?«, die Frage nach der menschlichen Eignung zum Kriege und zur Friedensstiftung ist eine theoretische, anthropologische, sozialphilosophische Frage, die aus der Sicht der Geschichtswissenschaft unhistorisch erscheint. Die Historiker beschäftigen sich nicht mit dem Krieg überhaupt, sondern mit den Ursachen dieses oder jenes Krieges, mit dem Krieg in einer bestimmten Epoche und in einem bestimmten geopolitischen Raum. Für sie hat jeder Krieg vielschichtige Ursachen, materielle ebenso wie ideologische, wirtschaftliche ebenso wie psychologische.

In bestimmten Fällen erscheinen die freudsche und die historische Perspektive sogar als unvereinbar. Im bekannten Werk, dessen Titel an die Romantrilogie von Hermann Broch⁶⁷ erinnert, *Die Schafwandler. Wie Europa in den Ersten Weltkrieg zog*, hat Christopher Clark gezeigt, dass die Krise im Sommer 1914 so komplex war, dass »Warum-Fragen« besonders schwierig zu beantworten sind.⁶⁸ Der Titel *Die Schlafwandler* suggeriert dem Leser keineswegs, dass der in den sozialen Diskursen verbreitete Bellizismus und, nach Freuds Formel in *Warum*

---

64 Ebda, S. 24.
65 Sigmund Freud, *Das Unbehagen in der Kultur*, GW XIV, S. 467.
66 Ebda, S. 481.
67 Hermann Broch, *Die Schlafwandler* (1 – Pasenow oder die Romantik: 1888; 2 – Esch oder die Anarchie: 1903; 3 – Huguenau oder die Sachlichkeit: 1918), München, Rhein-Verlag, 1930–1932.
68 Vgl. Christopher Clark, *Die Schlafwandler. Wie Europa in den Ersten Weltkrieg zog*, München: DVA, 2013 (*The Sleepwalkers. How Europe went to War in 1914*, London, 2012).

Krieg? »die Lust an der Aggression und Destruktion«[69] die entscheidenden Ursachen waren.

Der Schein trügt, zumal in diesem Fall. Alle wollen im Nachhinein am Krieg unschuldig sein, den sie ausgelöst, bzw. am Anfang bejaht haben. Karl Kraus hat es in den Leitmotiven seiner Kriegstragödie *Die letzten Tage der Menschheit* »Mir san (ja) eh die reinen Lamperln« und »Ich habe es nicht gewollt« verdichtet. In *Warum Krieg?* zeigt Freud, dass die Bemäntelung der Aggressions- und Destruktionstriebe es leichter macht, den Eindruck zu erwecken, nicht der Mörder, sondern der Ermordete sei schuldig.

> »Die Verquickung [der] destruktiven Strebungen mit anderen, erotischen und ideellen, erleichtert natürlich deren Befriedigung. Manchmal haben wir, wenn wir von den Greueltaten der Geschichte hören, den Eindruck, die ideellen Motive hätten den destruktiven Gelüsten nur als Vorwände gedient, andere Male, z. B. bei den Grausamkeiten der heiligen Inquisition, meinen wir, die ideellen Motive hätten sich im Bewusstsein vorgedrängt, die destruktiven ihnen eine unbewusste Verstärkung gebracht.«[70]

Es ist auf den ersten Blick nicht leicht, die Auffassung des Historikers Christopher Clark, nach der die europäischen Völker sich wie Schlafwandler in den Ersten Weltkrieg hineinreißen ließen, mit der These Freuds in *Zeitgemäßes über Krieg und Tod* in Einklang zu bringen, »[der Krieg] lasse den Urmenschen in uns wieder zum Vorschein kommen. Er zwinge uns wieder, Helden zu sein, die an den eigenen Tod nicht glauben könnten; er bezeichne uns die Fremden als Feinde, deren Tod man herbeiführen oder herbeiwünschen solle.«[71]

In *Warum Krieg?* kommt die Figur des im Unbewussten des Kulturmenschen unverändert fortlebenden und in Kriegszeiten in den Vordergrund wiederkommenden Urmenschen nicht mehr vor. An einer Stelle betont Freud im Gegenteil den Abstand zwischen dem urmenschlichen Kampf und der sich im Lauf des Kulturprozesses verfeinernden Kriegskunst:

> »Anfänglich, in einer kleinen Menschenhorde, entschied die stärkere Muskelkraft darüber, wem etwas gehören oder wessen Wille zur Ausführung gebracht werden sollte. Muskelkraft verstärkt und ersetzt sich bald durch den Gebrauch von Werkzeugen; es siegt, wer die besseren Waffen hat oder sie geschickter verwendet. Mit der Einführung der Waffe beginnt bereits die geistige Überlegenheit die Stelle der rohen Muskelkraft einzunehmen.«[72]

In *Zeitgemäßes über Krieg und Tod* bezieht sich Freud mehrmals auf *Totem und Tabu*. In *Warum Krieg?* erwähnt er kein einziges eigenes Werk. Wenn man aber auf seinen Essay *Massenpsychologie und Ich-Analyse* aus dem Jahre 1921 zu-

---

69 Freud, *Warum Krieg?* S. 21.
70 Ebda, S. 21 f.
71 ZKT, S. 354.
72 Freud, *Warum Krieg?* S. 14.

rückblickt, kann man in diesem Text ein Bild des im Unbewussten schlummernden und in Kriegszeiten wieder erwachenden Urmenschen erkennen, das sich wesentlich von den Darstellungen in *Totem und Tabu* und *Zeitgemäßes über Krieg und Tod* unterscheidet und der Figur des von Christopher Clark geschilderten Schlafwandlers annähert.

In *Massenpsychologie und Ich-Analyse* beschrieb Freud »zwei künstliche Massen: Kirche und Heer«[73] und fasste die Masse »als ein Wiederaufleben der Urhorde« auf. »So wie der Urmensch in jedem Einzelnen virtuell erhalten ist, so kann sich aus einem beliebigen Menschenhaufen die Urhorde wieder herstellen.«[74] Freud wollte »die Aussage, der Mensch sei ein *Herdentier*, dahin korrigieren, er sei vielmehr ein *Hordentier,* ein Einzelwesen einer von einem Oberhaupt angeführten Horde.«[75] Die Masse, auch die künstliche Masse, die eine Armee bildet, wird durch die Bindung einer Schar von Herden- und Hordentieren an den überstarken kommandierenden Einzelnen strukturiert. Für die in der Masse der kriegführenden Streitkräfte ganz aufgehenden Einzelnen gilt die Psychologie der Massenmenschen:

> »Schwund der bewußten Einzelpersönlichkeit, [...] Orientierung von Gedanken und Gefühlen nach gleichen Richtungen, [...] Vorherrschaft der Affektivität und des unbewußten Seelischen, [...] das alles entspricht einem Zustand von Regression zu einer primitiven Seelentätigkeit, wie man sie gerade der Urhorde zuschreiben möchte.«[76]

Diese Darstellung der aus der allgemeinen Mobilisierung entstehenden Masse, bzw. Horde eines kriegführenden Volks, eines Regiments, einer Soldatengruppe, entspricht dem Bild der in den Krieg mitgerissenen Schlafwandler etwas besser als die Schilderung des im Kulturmenschen wieder zum Vorschein kommenden Urmenschen, die in *Zeitgemäßes über Krieg und Tod* vorgeführt wurde. In *Massenpsychologie und Ich-Analyse* zerfällt *der Urmensch* (in *Zeitgemäßes über Krieg und Tod* benützt Freud das Wort Urmensch – mit einer Ausnahme[77] – im Singular) in zwei Menschentypen: auf der einen Seite das Oberhaupt, der Urvater, der Führer, der Übermensch, »den Nietzsche erst von der Zukunft erwartete«, und den Freud »zu Eingang der Menschheitsgeschichte«[78] ortet; auf der anderen Seite der »Massenurmensch« als Menschen- bzw. Hordentier.

Dass Freud in *Warum Krieg?* an die Gedankenlinie von *Massenpsychologie und Ich-Analyse* nicht anknüpft, lässt sich damit erklären, dass er die Probleme

---

73 Kap. 5 »Zwei künstliche Massen: Kirche und Heer«, in Sigmund Freud, *Massenpsychologie und Ich-Analyse,* GW XIII, S. 101–108.
74 Ebda, S. 137.
75 Ebda, S. 135.
76 Ebda, S. 136f.
77 »So sind wir auch selbst, wenn man uns nach unseren unbewußten Wunschregungen beurteilt, wie *die Urmenschen* eine Rotte von Mördern« (ZKT, S. 351).
78 Ebda, S. 138.

von Krieg und Frieden hauptsächlich in individualpsychologischer Perspektive, viel weniger als Fragen der Sozial- oder Massenpsychologie angeht.[79]

»Pazifisten aus organischen Gründen«

Gegen Ende seines offenen Antwortbriefs an Albert Einstein stellt Freud folgende Frage: »Warum empören wir uns so sehr gegen den Krieg, Sie und ich und so viele andere, warum nehmen wir ihn nicht hin wie eine andere der vielen peinlichen Notlagen des Lebens? Er scheint doch naturgemäß, biologisch wohl begründet, praktisch kaum vermeidbar.«[80] Diese Worte klingen ebenso resigniert wie die Sätze in *Zeitgemäßes über Krieg und Tod*: »Der Krieg ist aber nicht abzuschaffen [...]. Da erhebt sich denn die Frage: Sollen wir nicht diejenigen sein, die nachgeben und sich ihm anpassen?«[81] Nachgeben und sich dem Krieg anpassen, statt sich gegen ihn empören, könnte man ergänzend schreiben. Das wäre die rationale Einstellung zum Krieg, während die Empörung eine emotionale Erregung ist, die zum politischen, z. B. pazifistischen Engagement führen kann, jedoch nicht führen muss. Man spürt an dieser Stelle, dass Freud, der sich mit Selbstironie als »weltfremden Theoretiker« bezeichnet, nicht bereit ist, sich »den dringenden praktischen Aufgaben« zu widmen, die ihm der Pazifist Albert Einstein aufbürden möchte. Die meisten Kulturmenschen empören sich gegen den Krieg, Pazifisten im politischen Sinne des Wortes sind aber nur wenige von ihnen.

Hier führt Freud einen neuen Begriff ein und spricht von »Pazifisten aus organischen Gründen«.

»Ich glaube, der Hauptgrund, weshalb wir uns gegen den Krieg empören, ist, dass wir nichts anders können. Wir sind Pazifisten, weil wir es aus organischen Gründen sein müssen. Wir haben es dann leicht, unsere Einstellung durch Argumente zu rechtfertigen. [...] Dem Prozess [der Kulturentwicklung] verdanken wir das Beste, was wir geworden sind, und ein gut Teil von dem, woran wir leiden. [...] Vielleicht führt er zum Erlöschen der Menschenart, denn er beeinträchtigt die Sexualfunktion in mehr als einer Weise, und schon heute vermehren sich unkultivierte Rassen und zurückgebliebene Schichten der Bevölkerung stärker als hochkultivierte. Vielleicht ist dieser Prozess mit der Domestikation gewisser Tierarten vergleichbar. [...] Den psychischen Einstellungen, die uns der Kulturprozess aufnötigt, widerspricht nun der Krieg in der grellsten

---

79 Bei Robert Wälder ist ausgerechnet Freuds *Massenpsychologie und Ich-Analyse* der Ausgangspunkt der gruppenpsychologischen Studien über Krieg und Frieden von »Ätiologie und Verlauf der Massenpsychosen« (1935) bis *Psychological Aspects of War and Peace* (1939). Vgl. S. A. Guttman, »Robert Waelder and the Application of Psychoanalytical Principles to Social and Political Phenomena« (1986).
80 Freud, *Warum Krieg?* S. 24.
81 ZKT, S. 354.

Weise, darum müssen wir uns gegen ihn empören, wir vertragen ihn einfach nicht mehr, es ist nicht bloß eine intellektuelle und affektive Ablehnung, es ist bei uns Pazifisten eine konstitutionelle Intoleranz.«[82]

In *Das Unbehagen in der Kultur* meinte Freud schon: »Das Sexualleben des Kulturmenschen ist doch schwer geschädigt, es macht mitunter den Eindruck einer in Rückbildung befindlichen Funktion, wie unser Gebiss und unsere Kopfhaare als Organe zu sein scheinen.«[83] Wenn er von einer »konstitutionellen Intoleranz« gegen den Krieg spricht, benützt Freud beide Wörter in ihrem medizinischen Sinn: konstitutionell ist alles, was mit der allgemeinen körperlichen und seelischen Verfassung (Konstitution) eines Individuums zusammenhängt.[84] »Intoleranz« bedeutet hier Unverträglichkeit.[85]

Mit dieser Theorie des Pazifismus als einer »konstitutionelle Intoleranz« des Kulturmenschen gegen den Krieg knüpft Freud an das Thema seiner Einleitung zum Band *Zur Psychoanalyse der Kriegsneurosen* aus dem Jahre 1919. Er sprach dort von traumatischen Neurosen, die durch einen Ichkonflikt »zwischen dem alten friedlichen und dem neuen kriegerischen Ich des Soldaten«[86] verursacht werden. Im *Gutachten über die elektrische Behandlung der Kriegsneurotiker* (1920) sah er als die nächste Ursache der Kriegsneurosen die »unbewußte Tendenz, sich den gefahrvollen oder das Gefühl empörenden Anforderungen des Kriegsdienstes zu entziehen.«[87] An dieser Stelle benützte er das Partizip des Verbs »empören«, das er im soeben angeführten Zitat aus *Warum Krieg?* wieder verwendet (»wir müssen uns gegen [den Krieg] empören«).

---

82 Freud, *Warum Krieg?* S. 25f.
83 Sigmund Freud, *Das Unbehagen in der Kultur*, GW XIV, S. 465.
84 In *Bruchstück einer Hysterie-Analyse*, GW V, S. 161, schreibt Freud gegen Ende des Kapitels »Der erste Traum« (Hervorhebungen d. Verf.): »Eine solche Vorgeschichte kann je nach der Summation der *konstitutionellen* Bedingungen zweierlei Verhalten gegen die Liebesanforderung in reifer Zeit begründen, entweder die volle widerstandslose, ins Perverse greifende Hingebung an die Sexualität oder in der Reaktion die Ablehnung derselben unter neurotischer Erkrankung. *Konstitution* und die Höhe der intellektuellen und moralischen Erziehung hatten bei unserer Patientin für das letztere den Ausschlag gegeben.«
85 Nicht zu überhören ist die Doppelbedeutung beider Wörter: konstitutionell und Intoleranz können auch politisch verstanden werden. Immanuel Kant betonte, dass eine republikanische Verfassung die Voraussetzung für die Verhütung von Angriffskriegen sei (»Erster Definitivartikel zum ewigen Frieden. Die bürgerliche Verfassung in jedem Staat soll republikanisch sein«, in *Zum ewigen Frieden. Ein philosophischer Entwurf*, S. 204–208), und das deutsche Grundgesetz hat die Intoleranz gegen solche Kriege verbrieft (Art. 26 GG (1): Handlungen, die geeignet sind und in der Absicht vorgenommen werden, das friedliche Zusammenleben der Völker zu stören, insbesondere die Führung eines Angriffskrieges vorzubereiten, sind verfassungswidrig. Sie sind unter Strafe zu stellen.).
86 Sigmund Freud, *Einleitung zu ›Zur Psychoanalyse der Kriegsneurosen‹*, GW XII, S. 323.
87 Sigmund Freud, *Gutachten über die elektrische Behandlung der Kriegsneurotiker*, GW, Nachtragsband, S. 707.

Man kann sich übrigens fragen, warum man in derselben Gesellschaft, in derselben Generation Pazifisten aus »konstitutioneller Intoleranz« gegen die Kriegsgewalt und kriegstüchtige Individuen findet, deren »kriegerisches Ich« die härteste Bewährungsprobe bestehen kann. Ernst Jüngers kriegsidealistischer Bestseller *In Stahlgewittern,* dessen dritte überarbeitete Auflage gerade 1933 erschien, erreichte eine große Verbreitung, während Einsteins und Freuds *Warum Krieg?* in Deutschland verboten wurde und in Österreich so gut wie unbemerkt blieb. Selbst wenn Jüngers Buch als eine Anklage gegen den Krieg gelesen werden konnte[88], wurde es vor allem als Glorifizierung des heldischen Frontsoldaten rezipiert, der, wie Jünger in einem Aufsatz aus dem Jahre 1925 schrieb, »eine neue, unbekannte Welt betrat – und dieses Erlebnis rief in vielen jene völlige Veränderung des Wesens hervor, die sich am besten mit der religiösen Erscheinung der Gnade vergleichen läßt, durch welche der Mensch plötzlich und von Grund auf verwandelt wird?«[89]

Es geht hier nicht darum, den Fall Ernst Jünger zu erörtern, sondern hervorzuheben, dass Jünger den Typus des »heldischen« kriegstüchtigen Frontkämpfers verkörpert, der dem von Freud sogenannten »Pazifisten aus organischen Gründen« entgegengesetzt ist. Für den Ersteren wird der Kampf zu einem ekstatischen Erlebnis, während der Andere bedroht ist, auf dem Schlachtfeld einer traumatischen Kriegsneurose zu verfallen. Die Kriegsneurosen gehen also nicht nur auf ein Trauma und einen Ich-Konflikt zurückgehen, sondern auch auf eine individuelle, in jedem einzelnen Fall andere innerpsychische Dynamik.

Die kultivierte Menschheit habe nicht zuletzt nach der Schockerfahrung des Ersten Weltkriegs eine Intoleranz gegen den Krieg entwickelt. So lautet die These Freuds in *Warum Krieg?*, wenn man sie pointiert zusammenfasst. Das kann man als einen sittlichen Fortschritt begrüßen. Freud zeigt aber die Ambivalenz eines solchen Fortschritts. Der Zivilisationsprozess verschärft die wehrlose Ausgesetztheit der Kulturmenschheit. »Heute vermehren sich unkultivierte Rassen und zurückgebliebene Schichten der Bevölkerung stärker als hochkultivierte«, schreibt Freud, und bei diesen rückständigen Völkern und sozialen Schichten sei der Pazifismus »aus organischen Gründen« viel weniger verbreitet, dafür aber die

---

88 Vgl. Helmuth Kiesel, »Anmerkungen zum Charakter von Ernst Jüngers Kriegsbuch *In Stahlgewittern*«, S. 512: »Der jüdisch-deutsche Rechtsanwalt Paul Levi, der nach der Ermordung von Karl Liebknecht und Rosa Luxemburg kurzfristig Vorsitzender der KPD gewesen war und ab 1924 der SPD-Fraktion des Reichstags angehörte, schrieb 1930 im Berliner *Tage-Buch*, einer linksbürgerlichen Zeitschrift für Politik und Kultur: »Den Schrecken des ganzen Erlebens [im Krieg] hat vielleicht keiner so geschildert, kaum ist eine furchtbarere Anklage gegen den Krieg geschrieben als dieses Buch eines Mannes, der zum Kriege ›positiv‹ eingestellt ist.«« (Zitat Paul Levi in Ernst Jünger, *In Stahlgewittern,* Historisch-kritische Ausgabe, Hrsg. von Helmuth Kiesel, Stuttgart, Klett-Cotta, 2013, Band 2, Kap. Wirkungsgeschichtliche Dokumentation, S. 484).
89 Ernst Jünger, *Der Frontsoldat und die Wilhelminische Zeit* (*Die Standarte,* 20.9.1925), S. 79.

Bereitschaft zum Krieg wesentlich größer. Deshalb stößt Freud einen melancholischen Seufzer aus:

>»Wie lange müssen wir nun warten, bis auch die anderen Pazifisten werden? Es ist nicht zu sagen, aber vielleicht ist es keine utopische Hoffnung, daß der Einfluß dieser beiden Momente, der kulturellen Einstellung und der berechtigten Angst vor den Wirkungen eines Zukunftskrieges, dem Kriegführen in absehbarer Zeit ein Ende setzen wird. Auf welchen Wegen oder Umwegen, können wir nicht erraten.«[90]

Angesichts dieser hierarchischen Kultursoziologie, die mit der Vorstellung verbunden ist, dass die Kulturentwicklung ein »mit der Domestikation gewisser Tierarten vergleichbarer«[91] Prozess der Zähmung sei, ist man versucht, eine Parallele zwischen Freud als Kriegsanthropologen und Nietzsche als Kritiker der »Moral als Widernatur« und als Diagnostiker der zeitgenössischen *décadence* zu ziehen.

>»Man ist bewiesen als décadent, wenn man den Frieden der Seele höher schätzt als den Krieg, als das Leben, als die Fruchtbarkeit… Oder anders ausgedrückt: weil man sich unfruchtbar fühlt, wählt man den Frieden.«[92] So schrieb Nietzsche in der ersten Fassung des »Moral als Widernatur« betitelten Kapitels der *Götzen-Dämmerung*. Und doch kann die Parallele zwischen Freud und Nietzsche zum Thema Krieg und Frieden schwer aufrechterhalten werden. Offenkundig ist bei Freud die Zähmung der menschlichen Ur-Bestie im Verlauf der Zivilisationsprozesses ein Gewinn für die Kultur, und der Typ des »Pazifisten aus organischen Gründen« ist ihm zweifellos viel sympathischer als der Typ des kriegstüchtigen Soldaten. Und es wirkt wie eine Provokation, wenn man diese Stelle aus *Menschliches, Allzumenschliches* mitten im Kommentar von *Warum Krieg?* zitiert:

>»*Der Krieg unentbehrlich*. Es ist eitel Schwärmerei und Schönseelenthum, von der Menschheit noch viel (oder gar: erst recht viel) zu erwarten, wenn sie verlernt hat, Kriege zu führen. […] Die Cultur kann die Leidenschaften, Laster und Bosheiten durchaus nicht entbehren. […] Man wird […] immer mehr einsehen, dass eine solche hoch cultivirte und daher nothwendig matte Menschheit, wie die der jetzigen Europäer, nicht nur der Kriege, sondern der größten und furchtbarsten Kriege – also zeitweiliger Rückfälle in die Barbarei – bedarf, um nicht an den Mitteln der Cultur ihre Cultur und ihr Dasein selber einzubüßen.«[93]

---

90 Freud, *Warum Krieg?* S. 26f.
91 Ebda, S. 26.
92 Friedrich Nietzsche, Erste Fassung der *Götzen-Dämmerung*, § »Moral als Widernatur«, in KSA 14, Kommentar zu Bd. 6, S. 416.
93 Friedrich Nietzsche, *Menschliches, Allzumenschliches*, I, § 477, KSA 2, S. 311f.

»Gerechte« Kriege als Herausforderungen an den Pazifismus

Wenn man die Fragestellung *Warum Krieg?* nicht historisch differenziert, wird es schwierig, eine weitere, für die Pazifisten unbequeme Frage zu beantworten: Gibt es akzeptable, weil gerechte Kriege und unannehmbare, weil ungerechte Friedensregelungen? Freud ist scharfsichtig genug, um die entscheidende Bedeutung dieser Frage zu erkennen, aber er begnügt sich mit dieser ausweichenden Bemerkung: »Man kann nicht alle Arten von Krieg in gleichem Maß verdammen; solange es Reiche und Nationen gibt, die zur rücksichtslosen Vernichtung anderer bereit sind, müssen diese anderen zum Krieg gerüstet sein. Aber wir wollen über all das rasch hinweggehen.«[94]

Kant meinte im *Streit der Fakultäten* aus dem Jahre 1798, der Verteidigungskrieg der jungen französischen Republik sei legitim wegen »des Rechts, dass ein Volk von anderen Mächten nicht gehindert werden müsse, sich eine bürgerliche Verfassung zu geben, wie sie ihm selbst gut zu sein dünkt«[95]. Dieser Verteidigungskrieg sei außerdem ein Krieg für den Frieden, da eine republikanische Verfassung der Menschheit möglich mache, »in die Bedingung einzutreten, wodurch der Krieg (der Quell aller Übel und Verderbniß der Sitten) abgehalten«[96] werden könne. Bei allem Respekt für Kants Argumente kann man jedoch einwenden, dass jeder Krieg, selbst der ungerechteste, sich propagandistisch als »Krieg für den Frieden«, als Krieg zur Verhinderung künftiger Kriege, als »gerechten Krieg« zu rechtfertigen weiß.[97]

Die Frage, die Freud in *Warum Krieg?* beiläufig aufwirft, war für die Pazifisten der Zwischenkriegszeit und bleibt für die heutige Friedensbewegung von hoher Brisanz. Konnte man angesichts der Gefahr imperialistischer, von genozidären Ideologien getragener Aggressions- und Vernichtungskriege den Frieden um jeden Preis verlangen? Kann man zur Verhütung oder Beendigung eines ungerechten Kriegs einen ungerechten Frieden in Kauf nehmen, der sich den Kriegszielen des Aggressors beugt? Für Albert Einstein, wir haben es gesehen, stellte sich die Frage nicht lange: Unmittelbar nach der nazistischen Machtergreifung erfolgte sein vollständiger Meinungsumschwung. Von nun an befürwortete er die Aufrüstungspolitik der westlichen Demokratien und verurteilte die Kriegsdienstverweigerer. Sein offener Brief an Sigmund Freud in *Warum Krieg?* erscheint im Rückblick als der Schwanengesang des militanten Pazifisten, der er seit Anfang des Ersten Weltkriegs gewesen war. Nun bekannte er sich zum be-

---

94 Ebda, S. 25.
95 Immanuel Kant, *Der Streit der Fakultäten*, S. 358.
96 Ebda, S. 358f.
97 Michael Walzer, *Just and Unjust Wars*, fasst die historische und die gegenwärtige Entwicklung des *jus ad bellum* (Recht zu Krieg) und des *jus in bello* (Recht im Krieg) zusammen und zeigt, wie komplex und umstritten die Definition des »gerechten Kriegs« ist.

kannten Spruch, den Freud am Schluss von *Zeitgemäßes über Krieg und Tod* anführte: »*Si vis pacem, para bellum*, Wenn du den Frieden erhalten willst, so rüste zum Krieg.«[98]

Arbeitet die Kulturentwicklung in jedem Fall für den Frieden?

»Alles, was die Kulturentwicklung fördert, arbeitet auch gegen den Krieg.«[99] So lautet die Schlussformel Freuds in *Warum Krieg?* Am Ende seines offenen Briefs, in dem er zwischen den Zeilen Einsteins militanten Pazifismus als eine Illusion ohne Zukunft entlarvt, bleibt ein Grund der Hoffnung: Die Kulturentwicklung, der Zivilisationsprozess soll »eine fortschreitende Verschiebung der Triebziele und Einschränkung der Triebregungen«[100] bewirken. In dieser Perspektive wird Kultur auf triebeinschränkende Normen und Ideale reduziert[101], auf ein Dispositiv (im Sinne Michel Foucaults[102]) zur Zähmung, Disziplinierung und Normierung der menschlichen Natur.[103]

Vorher machte Freud eine einschränkende Bemerkung: Einer der wichtigsten »psychologischen Charaktere der Kultur« sei neben der »Erstarkung des Intellekts, der das Triebleben zu beherrschen beginnt, [...] die Verinnerlichung der Aggressionsneigung mit all ihren vorteilhaften und gefährlichen Folgen.«[104] In diesem Satz wurden die Thesen verdichtet, die Freud im *Unbehagen in der Kultur* aufstellte. Aber selbst wenn man davon ausgeht, dass die Kulturentwicklung einen Teil der Bevölkerung zu »Pazifisten aus organischen Gründen« verwandelt, besteht das Problem weiter, das Freud in *Die Zukunft einer Illusion* ansprach:

> »Wenn eine Kultur es nicht darüber hinaus gebracht hat, dass die Befriedigung einer Anzahl von Teilnehmern die Unterdrückung einer anderen, vielleicht der Mehrzahl, zur Voraussetzung hat, und dies ist bei allen gegenwärtigen Kulturen der Fall, so ist es begreiflich, dass diese Unterdrückten eine intensive Feindseligkeit gegen die Kultur entwickeln, die sie durch ihre Arbeit ermöglichen, an deren Gütern sie aber einen zu

---

98 ZKT, S. 355.
99 Freud, *Warum Krieg?* S. 27.
100 Ebda, S. 26.
101 Gunzelin Schmid Noerr, »Zur Kritik des Freudschen Kulturbegriffs«, S. 337.
102 Michel Foucault versteht unter Dispositiv: »Ein entschieden heterogenes Ensemble, das Diskurse, Institutionen, architekturale Einrichtungen, reglementierende Entscheidungen, Gesetze, administrative Maßnahmen, wissenschaftliche Aussagen, philosophische, moralische oder philanthropische Lehrsätze, kurz: Gesagtes ebenso wohl wie Ungesagtes umfasst. Soweit die Elemente des Dispositivs. Das Dispositiv selbst ist das Netz, das zwischen diesen Elementen geknüpft werden kann.« (Michel Foucault: *Dispositive der Macht. Über Sexualität, Wissen und Wahrheit*, Übers. von Jutta Kranz, Hans-Joachim Metzger, Ulrich Raulff, Walter Seitter und E. Wehr, Berlin, Merve, 1978 (Neue Aufl. 2000), S. 119f.).
103 Vgl. Matthias Kettner, »Psychoanalyse als Kulturanalyse«.
104 Ebda.

geringen Anteil haben. Eine Verinnerlichung der Kulturverbote darf man dann bei den Unterdrückten nicht erwarten.«[105]

Der Kulturprozess wird erfolgreich, wenn er die Menschen zu Kulturträgern macht, er scheitert aber, wenn sie zu Kulturfeinden werden. Weil die Kultur, wie sie Freud auffasst, einen Schutzdamm gegen die aggressive und destruktive Natur des Menschen errichtet, droht sie ständig zu zerfallen und wird von dem »Unbehagen in der Kultur«, das die kulturelle Triebunterdrückung erzeugt, unterminiert. »Unter den Einsichten von Freud, die wahrhaft auch in Kultur und Soziologie hineinreichen, scheint mir eine der tiefsten die, daß die Zivilisation ihrerseits das Antizivilisatorische hervorbringt und es zunehmend verstärkt«, schrieb Theodor W. Adorno 1966 in *Erziehung nach Auschwitz*. »Wenn im Zivilisationsprinzip selbst die Barbarei angelegt ist, dann hat es etwas Desperates, dagegen aufzubegehren.«[106]

In *Warum Krieg?* lässt Freud seine Leser und Leserinnen verunsichert zurück. Die Förderung der Kulturentwicklung wird als der einzige Weg zur Kriegsverhütung und Friedensstiftung herausgestellt. Und zugleich wird klar, dass die Kultur an und für sich für die Menschheit einen schwachen Schutz gegen künftige Kriege bietet, dass eine Friedenskultur jederzeit in eine kriegsbejahende Kultur umkippen und gegen sich selbst arbeiten kann.

Freuds Kulturbegriff ist vorwiegend individualistisch und wird von der Vorstellung geprägt, »als baue sich die Kultur aus den Entscheidungen und Handlungen der Individuen auf, während doch diese in Wahrheit bei allen ihren Entscheidungen und Handlungen immer schon auf kulturelle Muster rekurrieren.«[107] Es fällt außerdem auf, dass der Begriff Kultur in *Warum Krieg?* wie auch der Begriff Krieg nur im Singular verwendet wird, und dass die Polarität Kultur vs. Krieg den ganzen Text strukturiert. Wenn man aber die Pluralität der Kulturen berücksichtigt, erkennt man die Gefahr, die Freud in *Die Zukunft einer Illusion* so definierte:

»Die Befriedigung, die das Ideal den Kulturteilnehmern schenkt, ist [...] narzisstischer Natur, sie ruht auf dem Stolz auf die bereits geglückte Leistung. Zu ihrer Vervollständigung bedarf sie des Vergleichs mit anderen Kulturen, die sich auf andere Leistungen geworfen und andere Ideale entwickelt haben. Kraft dieser Differenzen spricht sich jede Kultur das Recht zu, die andere gering zu schätzen. Auf solche Weise werden die Kulturideale Anlass zur Entzweiung und Verfeindung zwischen verschiedenen Kulturkreisen, wie es unter Nationen am deutlichsten wird. [...] Auch die Unterdrückten können an [dieser narzisstischen Befriedigung] Anteil haben, indem die Berechtigung,

---

[105] Sigmund Freud, *Die Zukunft einer Illusion*, GW XIV, S. 333.
[106] Adorno, Theodor W. *Erziehung nach Auschwitz*, S. 92f.
[107] Gunzelin Schmid Noerr, »Zur Kritik des Freudschen Kulturbegriffs«, S. 328f.

die Außenstehenden zu verachten, sie für die Beeinträchtigung in ihrem eigenen Kreis entschädigt.«[108]

In diesem Fall nährt der Kulturstolz den Nationalismus und hilft, sich von der kulturellen Identität des Feindes abzugrenzen. Der Kulturmensch wird von kulturell erzeugten Motiven (ideologischer, religiöser, nationalistischer, rassistischer Art) getrieben, die ihn nur in einer anderen Weise, nicht aber in einem geringeren Grad als den Ur- und Naturmenschen aggressiv machen.

In *Das Unbehagen in der Kultur* schrieb Freud, die Kultur sei »ein Prozess im Dienste des Eros, der vereinzelte menschliche Individuen, später Familien, dann Stämme, Völker, Nationen zu einer großen Einheit, der Menschheit, zusammenfassen wolle.«[109] Nun aber vermag auch der Krieg – zumal der im Namen der eigenen, ihrer Überlegenheit sichern Kultur ausgetragene Krieg – gemeinschaftsbildend zu wirken, da er nationalistische Ideologien schürt, für die es allerdings nicht auf die Einheit der Menschheit, sondern nur auf die Überlegenheit der eigenen nationalen Kultur ankommt.

Die europäischen Kulturen waren zur Zeit der Niederschrift von *Warum Krieg?* innerlich gespalten in Friedens- und Kriegskulturen. Seit der zweiten Hälfte der zwanziger Jahre war in Deutschland und in Österreich (und dies trifft für viele europäische Länder zu) eine wachsende Militarisierung der politischen Kultur zu beobachten. In der Weimarer Republik besetzte der »Stahlhelm. Bund der Frontsoldaten« den öffentlichen Raum durch Massenkundgebungen und Aufmärsche in Uniform und verbreitete eine heroisierende Erinnerungskultur, die den Frontkämpfer und die »Frontgemeinschaft« als vorbildhaft für die Politik und die ganze Gesellschaft hinstellte. In Österreich war eine vergleichbare Militarisierung der Innenpolitik zu verfolgen. Die Heimwehrverbände und der Republikanische Schutzbund hatten am Ende eine größere Bedeutung als die regulären Heereskräfte. In der Weimarer Republik wie in der Ersten Republik Österreich hatte sich ein gefährliches Gewaltpotential angesammelt und ein bürgerkriegsähnliches Lagerdenken in einem solchem Maße gebildet, dass man in beiden Fällen eher von Kriegskulturen als von Friedenskulturen sprechen kann.

Es sind bekannte historische Fakten, in deren Kontext Freuds Satz in *Warum Krieg?*, »Alles, was die Kulturentwicklung fördert, arbeitet auch gegen den Krieg«, als wirklichkeitsfremd wirkt. Da möchte man Freud fragen: »Die Entwicklung welcher Kultur meinen Sie? Ist es zulässig, im Zusammenhang der Diskussion über die Möglichkeiten der Kriegsverhütung und der Friedensstiftung den Begriff Kultur so neutral zu verstehen, als könnte man von den Inhalten jeder einzelnen Kultur völlig abstrahieren?«

---

108 Sigmund Freud, *Die Zukunft einer Illusion*, GW XIV, S. 334.
109 Sigmund Freud, *Das Unbehagen in der Kultur*, GW XIV, S. 481.

Gerade das Beispiel der altgriechischen Kultur, die Freud als Vertreter der altliberalen neuhumanistischen Bildung ganz besonders bewunderte, zeigt, dass eine höchst verfeinerte Zivilisation nicht unbedingt »gegen den Krieg arbeiten« muss. Jean-Pierre Vernant hat es in prägnanten Sätzen zusammengefasst:

> »Für die Griechen der klassischen Zeit ist der Krieg etwas Natürliches. Sie sehen im Krieg den natürlichen Ausdruck der Rivalität, die die Beziehungen zwischen Staaten prägt, und halten Friedenszeiten oder vielmehr Waffenstillstände für Kampfpausen in der nicht abreißenden Kette der Konflikte. […] Der Kampfgeist, der die Städte gegeneinander antreten lässt, ist nur ein Aspekt einer viel größeren Macht, die in allen menschlichen Beziehungen und sogar in der Natur selbst am Werk ist. Der Grieche erkennt unter den verschiedenen Namen Polemos (Krieg), Eris (Zwietracht), Neikos (Streit) das agonale Prinzip, das Hesiod an die Wurzeln der Welt setzt und das Heraklit als Vater und König des gesamten Universums feiert.«[110]

Diese agonistische Auffassung von den Beziehungen zwischen Städten und Reichen teilte auch Platon. Im Dialog über *Die Gesetze* erklärt der Kreter Kleinias: »[Der Gesetzgeber] scheint mir denn über die große Mehrzahl der Menschen das Verdammungsurteil als über Toren ausgesprochen zu haben, indem sie nicht einsehen, dass in der Welt immerfort ein unaufhörlicher Krieg aller Staaten gegen alle sei.«[111] Und Kleinias fügt hinzu: »Was die meisten Menschen Frieden nennen, das sei nur ein leerer Name, in der Tat aber lebten alle Staaten gegen alle naturgemäß auch ohne Kriegserklärung beständig in Fehde.«[112] Der Athener reagiert auf Kleinias' Worte mit dieser Bemerkung: »Nach der Bestimmung eines wohl verwalteten Staates, welche du gabst, scheinst du mir der Ansicht zu sein, man müsse ihn so einrichten und verwalten, dass er im Krieg die anderen Staaten zu besiegen vermöge, nicht wahr?«[113] Dass dieser Standpunkt von einem Kreter vertreten wird, ist nicht erstaunlich: Auch Aristoteles betont in der *Politik*, dass »in Lakädemon und in Kreta«, wie bei den Skythen, Thraziern, Kelten, Mazedoniern und Iberiern, »die Erziehung und eine Menge von Gesetzen beinahe nur auf den Krieg berechnet«[114] sind.

Wenn Freud sich in *Warum Krieg?* auf Platons Philosophie des Eros im *Symposion* bezieht und drei Seiten weiter ausruft: »Wenn die Bereitwilligkeit zum Krieg ein Ausfluß des Destruktionstriebs ist, so liegt es nahe, gegen sie den Gegenspieler dieses Triebes, den Eros, anzurufen«[115], macht er nur auf eine Seite

---

110 Jean-Pierre Vernant, »Introduction« zu *Problèmes de la guerre en Grèce ancienne*, S. 13 (übers. von J. Le Rider).
111 Platon, *Die Gesetze*, I, 625 de. Vgl. Anne Merker, »La guerre, le plus grand agôn. Réflexions sur la guerre chez Platon et Nietzsche«.
112 Platon, *Die Gesetze*, I, 626a.
113 Ebda.
114 Aristoteles, *Politik*, IV, 1324 b. Ich bedanke mich bei Carlos Lévy für diese Hinweise.
115 Freud, *Warum Krieg?* S. 23.

von Platons Denken über Krieg und Frieden aufmerksam. Das heißt aber keineswegs, dass er die andere, weniger optimistische Seite des platonischen Denkens ignoriert. Wie kann man in einem Staat oder in einem Staatenbund den Frieden stiften, wenn mehrere benachbarte Völker und Nationen kriegerisch eingestellt sind und ihr Herrschaftsgebiet erweitern wollen? Die Antwort ist wohl keine andere als 1915 in *Zeitgemäßes über Krieg und Tod:* »*Si vis pacem, para bellum*«.

Ausgerechnet im Jahre 1932 schrieb der Freud-Verehrer Stefan Zweig einen Vortragstext, dem er den Titel »Die moralische Entgiftung Europas« gab. Das ideologische Gift, das die europäischen Kulturen krank gemacht hätten, sei der Hass gegen die als feindlich denunzierten, fremden Nationen, zu dem man jedes einzelne Volk in der Schule, vor allem im Geschichtsunterricht, und in den Medien erzogen habe, um seine ständige Kriegsbereitschaft zu rechtfertigen. »Diese neue Erziehung aber muß von einer veränderten Auffassung der Geschichte ausgehen, und zwar von dem Grundgedanken, die Gemeinsamkeit zwischen den Völkern Europas stärker zu betonen als ihren Widerstreit.«[116] Wenn man Stefan Zweigs Warnung berücksichtigt, man müsse zuerst die europäischen Kulturen »moralisch entgiften«, um sie erst recht friedensfähig zu machen, kann man Freud Satz »Alles, was die Kulturentwicklung fördert, arbeitet auch gegen den Krieg« etwas zuversichtlicher lesen.

Oder ergibt man sich einer Illusion, wenn man sich den Zivilisationsprozess als die fortschreitende Entfernung des Kulturmenschen von dem Naturmenschen der Urzeit vorstellt? Eine solche Vorstellung zerstörte Nietzsche schon in *Homers Wettkampf* (1872):

> »Wenn man von Humanität redet, so liegt die Vorstellung zu Grunde, es möge das sein, was den Menschen von der Natur abschneidet und auszeichnet. Aber eine solche Abschneidung gibt es in Wirklichkeit nicht [...]. Der Mensch, in seinen höchsten und edelsten Kräften, ist ganz Natur und trägt ihren unheimlichen Doppelcharakter an sich. Seine furchtbaren und als unmenschlich geltenden Befähigungen sind vielleicht sogar der fruchtbare Boden, aus dem allein alle Humanität in Regungen, Taten und Werken hervorwachsen kann. So haben die Griechen, die humansten Menschen der alten Zeit, einen Zug von Grausamkeit, von tigerartiger Vernichtungslust an sich (KSA 1, 783).«

Auf Nietzsches Argument, dass der Mensch in seinen höchsten und edelsten Kräften noch immer noch »ganz Natur« sei und von dem Trieb zur Auseinandersetzung, zu Streit, Kampf und Krieg geleitet werde[117], antwortet Freud in *Das Unbehagen in der Kultur* knapp und nüchtern: »Es wäre ein Unrecht, der Kultur vorzuwerfen, dass sie Streit und Wettkampf aus den menschlichen Betätigungen

---

116 Stefan Zweig, »Die moralische Entgiftung Europas«, S. 43.
117 Vgl. Beatrix Himmelmann, »Nietzsches Anthropologie des produktiven Antagonismus«, S. 8.

ausschließen will. Diese sind sicherlich unentbehrlich, aber Gegnerschaft ist nicht notwendig Feindschaft, wird nur zum Anlaß für sie mißbraucht.«[118]

Diktatur der Vernunft: Freuds schwarze Aufklärung in finsteren Zeiten

1954 gestand Einstein in einem Brief an den Vertreter der Liga der Kriegsdienstverweigerer, der seine Einwilligung zum Nachdruck von *Warum Krieg?* erbat: »Mein kurzer Beitrag in dem kleinen Band hat in der Hauptsache den Zweck verfolgt, Freud zu veranlassen, seine Abneigung gegen öffentliche politische Betätigung zu überwinden.«[119] Freud wiederum wehrte sich gegen Einsteins implizite Forderung, er müsse sich zu einer politischen Stellungnahme durchringen. Die Frage der Kriegsverhütung sei »eine praktische Aufgabe, die den Staatsmännern zufalle«, betont er am Anfang seines offenen Antwortbriefs an Einsteins, er selbst könne nur »angeben, wie sich das Problem der Kriegsverhütung einer psychologischen Betrachtung darstelle.«[120]

Trotzdem entschließt sich Freud am Schluss seines Antwortschreibens dazu, seine politische Einstellung mit schonungsloser Offenheit zusammenzufassen:

> »Einer Klage von Ihnen über den Missbrauch der Autorität entnehme ich einen [...] Wink zur indirekten Bekämpfung der Kriegsneigung. Es ist ein Stück der angeborenen und nicht zu beseitigenden Ungleichheit der Menschen, dass sie in Führer und in Abhängige zerfallen. Die letzteren sind die übergroße Mehrheit, sie bedürfen einer Autorität, welche für sie Entscheidungen fällt, denen sie sich meist bedingungslos unterwerfen. [...] Man müsste mehr Sorge als bisher aufwenden, um eine Oberschicht selbständig denkender, der Einschüchterung unzugänglicher, nach Wahrheit ringender Menschen zu erziehen, denen die Lenkung der unselbständigen Massen zufallen würde. Der ideale Zustand wäre natürlich eine Gemeinschaft von Menschen, die ihr Triebleben der Diktatur der Vernunft unterworfen haben.«[121]

Man kann nicht umhin, bei den Worten »Diktatur der Vernunft« stutzig zu werden. War es vernünftig, 1932 die Diktatur, selbst die der Vernunft, als eine wünschenswerte Regierungsform zu bezeichnen? Zwar spricht hier Freud von einer aufgeklärten Führungselite, die sich gleichsam asketisch und triebopferbereit »der Diktatur der Vernunft« unterwerfen sollte. Und doch versteht jede Leserin, versteht jeder Leser, dass Freud »eine Diktatur der Vernünftigen« gutheißt.

---

118 Sigmund Freud, *Das Unbehagen in der Kultur*, GW XIV, S. 472.
119 Albert Einstein, *Über den Frieden*, S. 605.
120 Freud, *Warum Krieg?* S. 13.
121 Ebda, S. 24.

Im gleichen Jahr 1932 schreibt Freud in *Über eine Weltanschauung*, einem Kapitel der *Neuen Folge der Vorlesungen zur Einführung in die Psychoanalyse:*

> »Es ist unsere beste Zukunftshoffnung, dass der Intellekt – der wissenschaftliche Geist, die Vernunft – mit der Zeit die Diktatur im menschlichen Seelenleben erringen wird. [...] Der gemeinsame Zwang einer solchen Herrschaft der Vernunft wird sich als das stärkste einigende Band unter den Menschen erweisen und weitere Einigungen anbahnen.«[122]

Gerade in dieser 35. *Vorlesung zur Einführung in die Psychoanalyse* findet man auch eine scharfe Kritik des Bolschewismus als »praktischen Marxismus.«[123] Über die Demokratie und den »gegenwärtigen Kulturzustand Amerikas«[124] äußerte sich Freud in *Das Unbehagen in der Kultur* ebenfalls sehr zurückhaltend.

In seinen Augen blieb also keine andere Lösung als die Diktatur der Vernunft, bzw. der Vernünftigen, wie er sie schon in *Die Zukunft einer Illusion* skizzierte:

> »Ebensowenig wie den Zwang zur Kulturarbeit, kann man die Beherrschung der Masse durch eine Minderzahl entbehren. [...] Nur durch den Einfluss vorbildlicher Individuen, die sie als ihre Führer anerkennen, sind sie zu den Arbeitsleistungen und Entsagungen zu bewegen, auf welche der Bestand der Kultur angewiesen ist.«[125]

Die einzige Gefahr einer solchen Herrschaft der vorbildlichen Elite war in Freuds Augen keineswegs die Entwicklung dieser Regierungsform zum nackten Despotismus, sondern die demokratische, um nicht zu sagen die demagogische Milderung der strengen Autorität der Vernünftigen:

> »Es ist alles gut, wenn diese Führer Personen von überlegener Einsicht in die Notwendigkeiten des Lebens sind, die sich zur Beherrschung ihrer eigenen Triebwünsche aufgeschwungen haben. Aber es besteht für sie die Gefahr, dass sie, um ihren Einfluss nicht zu verlieren, der Masse mehr nachgeben als diese ihnen, und darum erscheint es notwendig, dass sie durch Verfügung über Machtmittel von der Masse unabhängig seien.«[126]

War der Gebrauch des Wortes Diktatur, zumal im Jahre 1932, nicht äußerst unglücklich? In *Massenpsychologie und Ich-Analyse* aus dem Jahre 1921 urteilte Freud vorsichtiger über autoritäre Regierungsformen, indem er in Anlehnung an Gustave Le Bons *Psychologie der Massen* zeigte, wie die von einem Diktator, Führer oder Propheten beherrschten Massenindividuen zum Schlimmsten, manchmal auch zum Besten fähig sind.

---

122 Sigmund Freud, *Neue Folge der Vorlesungen zur Einführung in die Psychoanalyse*, 35. Vorlesung »Über eine Weltanschauung«, GW XV, S. 185.
123 Ebda, S. 195.
124 Sigmund Freud, *Das Unbehagen in der Kultur*, GW XIV, S. 475.
125 Sigmund Freud, *Die Zukunft einer Illusion*, GW XIV, S. 328.
126 Ebda, S. 328f.

> »Im Beisammensein der Massenindividuen entfallen alle individuellen Hemmungen, und alle grausamen, brutalen, destruktiven Instinkte, die als Überbleibsel der Urzeit im Einzelnen schlummern, werden zur freien Triebbefriedigung geweckt. Aber die Massen sind auch unter dem Einfluss der Suggestion hoher Leistungen von Entsagung, Uneigennützigkeit, Hingebung an ein Ideal fähig.«[127]

Wenn Freud in *Warum Krieg?* »eine Gemeinschaft von Menschen, die ihr Triebleben der Diktatur der Vernunft unterworfen haben«, als den »idealen Zustand« heraufbeschwört, meint er den letzteren Typ strenger Führung, d.h. etwas ganz anderes als die zur damaligen Zeit in vielen Ländern realexistierende faschistischen Diktaturen.

Die Gefahr, grundsätzlich missverstanden zu werden, hat Freud jedoch durch seine Widmung von *Warum Krieg?* an Mussolini noch gesteigert. Edoardo Weiss, der Begründer der italienischen psychoanalytischen Bewegung, hat die Anekdote so dargestellt:

> »Im Jahre 1933 [...] brachte ich einen sehr kranken Patienten nach Wien zu Freud zur Konsultation. Der Vater des Patienten, der uns begleitete, war ein naher Freund Mussolinis. Nach der Konsultation ersuchte der Vater Freud um ein Geschenk für Mussolini und bat um ein Buch Freuds, in das Freud eine Widmung schreiben sollte. [...] Er fühlte sich verpflichtet, die Bitte meinethalben und der Italienischen Psychoanalytischen Vereinigung wegen zu gewähren. Die Arbeit, die Freud wählte, vielleicht mit bestimmter Absicht, war *Warum Krieg?* [Die Widmung] lautet wörtlich: ›Benito Mussolini mit dem ergebenen Gruß eines alten Mannes, der im Machthaber den Kulturheros erkennt. Wien, 26. April 1933 – Freud.‹«[128]

So erzählt Edoardo Weiss seinen Besuch bei Freud in Begleitung von Concetta Forzano, einer Patientin, die Weiss erfolglos behandelt hatte, und ihrem Vater, Giovacchino Forzano, einem mit Mussolini befreundeten Theater- und Filmautor, der in den folgenden Jahren mehrere Propagandafilme produzierte. Was Freud eigentlich im Sinne hatte, als er Mussolini mit diesem – vordergründig emphatischen, untergründig ironischen – Kompliment begrüßte, wurde oft untersucht[129]. Durch diese an den italienischen Diktator gerichtete *captatio benevolentiae* bemühte sich Freud darum, für die italienische psychoanalytische Bewegung eine Protektion von höchster Stelle zu gewinnen. Seine Bewunderung für die großzügige Förderung archäologischer Ausgrabungen durch Mussolini war außerdem aufrichtig. Und nicht zuletzt hielt Freud das faschistische Regime für die Schutzmacht Österreichs gegen das nationalsozialistische »Anschluss«-Vorhaben.

---

127 Sigmund Freud, *Massenpsychologie und Ich-Analyse*, GW XIII, S. 84.
128 Edoardo Weiss, »Meine Erinnerungen an Sigmund Freud«, S. 34f.
129 Vgl. Roberto Zapperi, *Freud und Mussolini*.

Mit der Formel »Diktatur der Vernunft« zog Freud die Konsequenzen seines resignierten Diktums in *Die Zukunft einer Illusion:* »Rein vernünftige Motive richten noch beim heutigen Menschen wenig gegen leidenschaftliche Antriebe aus.«[130] Der ohnmächtigen Vernunft müsse man eine neue Wirkungskraft verleihen und dies sei nur in der Form der Herrschaft von Vernünftigen möglich, die sich selbst der Diktatur der Vernunft unterwerfen sollten.

Wahrscheinlich knüpfte Freud hier an Platons Idee von der Philosophenherrschaft an, wie sie in der *Politeia* vorgetragen wird. Die eminente Bedeutung Platons für Freuds Theoriebildung ist bekannt. Schon in der *Traumdeutung* bezieht sich Freud an entscheidenden Stellen auf Platon. In *Warum Krieg?* erwähnt Freud Platons *Symposion* an der Stelle, an der er ein Resümee seiner Trieblehre anbietet:

> »Wir nehmen an, dass die Triebe des Menschen nur von zweierlei Art sind, entweder solche, die erhalten und vereinigen wollen, – wir heißen sie erotische, ganz im Sinne des Eros im Symposion Platos [...], – und andere, die zerstören oder und töten wollen; wir fassen diese als Aggressionstrieb oder Destruktionstrieb zusammen.«[131]

Das Konzept der Philosophenherrschaft kann man bei Platon als das Projekt, einen Staat zu errichten, »in dem Männer wie Sokrates nicht in Gefahr wären, hingerichtet zu werden, sondern als Lenker des Staates fungieren würden.«[132] Das war eine utopische Vision, und Platons Versuch, in Syrakus am Hofe des Tyrannen seine Staatsideen zu verwirklichen, scheiterte voll und ganz.

»Wenn nicht entweder die Philosophen Könige werden in den Staaten, oder die jetzt sogenannten Könige und Gewalthaber sich aufrichtig mit Philosophie befassen, und dies beides in eins zusammenfällt, politische Macht und Philosophie [...], gibt es [...] kein Ende des Unheils für die Staaten, ja [...] auch nicht für das Menschengeschlecht überhaupt«[133], kann man in der *Politeia* lesen. Im ersten Band seines berühmten, während des Zweiten Weltkriegs in Neuseeland verfassten Buchs *Die offene Gesellschaft und ihre Feinde* (*The Open Society an Its Enemies*, 1945) interpretierte Karl Popper diesen Satz als den Führungsanspruch einer antidemokratisch eingestellten geistigen Elite, deren politisches Programm wir als die Antizipation der von Freud beschworenen Dikatur der Vernunft auffassen können. Die meisten Platon-Spezialisten haben Poppers Interpretation zurückgewiesen. In dem historischen Kontext des wütenden Faschismus und Nationalsozialismus war Poppers Platon-Lektüre durchaus verständlich.

Einer ähnlichen Interpretation hat sich Freud ausgesetzt – einem ähnlichen Missverständnis, werden Freuds Anhänger sagen –, als er in *Warum Krieg?* vor

---

130 Sigmund Freud, *Die Zukunft einer Illusion*, GW XIV, S. 365.
131 Freud, *Warum Krieg?* S. 20.
132 Kurt von Fritz, *Platon in Sizilien und das Problem der Philosophenherrschaft*, S. 14.
133 Platon, Der Staat, 473 d–e.

der riskanten Formel »Diktatur der Vernunft« nicht zurückscheute, und dies hat wahrscheinlich dazu beigetragen, dass man diesen freudschen Text lange Zeit bewusst unbewusst vergessen, bzw. als eine Marginalie in Freuds Werk zur Seite geschoben hat.

Ein Stoiker, der uns nicht lehrt, die Welt zu verändern, sondern die Welt zu ertragen

Im März 1923 schrieb Freud an Romain Rolland:

> »Wenn wir nicht im Laufe der Entwicklung lernen, unsere Destruktionstriebe von unseresgleichen abzulenken, wenn wir fortfahren, einander wegen kleiner Verschiedenheiten zu hassen und um kleinen Gewinn zu erschlagen, wenn wir die großen Fortschritte in der Beherrschung der Natur immer wieder für unsere gegenseitige Vernichtung ausnützen, welche Zukunft steht uns da bevor? Wir haben es doch wahrlich schwer genug, die Fortdauer unserer Art in dem Konflikt zwischen unserer Natur und den Anforderungen der uns auferlegten Kultur zu bewahren.«[134]

Ein knappes Jahrzehnt später ist Freud keineswegs optimistischer geworden. In *Warum Krieg?* begegnen sich der utopische, politisch schwer umsetzbare, etwas weltferne Pazifismus Einsteins und der illusionslose Pessimismus Freuds. Man hat den Eindruck, dass beide Intellektuelle, der geniale Naturwissenschaftler und der geniale Kulturwissenschaftler, angesichts des nahenden Unheils am Ende ihres Lateins sind. So betrachtet erscheint *Warum Krieg?* als ein Denkmal der politischen Ohnmacht der Intellektuellen in dieser finsteren Zeit.

Nichtsdestoweniger brennend aktuell sind die Fragen, die der Dialog von Einstein und Freud in dieser dünnen, und doch gewichtigen Broschüre aufwirft. Wie kann sich der »militante Pazifismus« in einer Situation bewähren, in der die Frage nach dem gerechten Verteidigungskrieg nicht mehr theoretisch ist, sondern eine dringliche Antwort fordert? Die freudsche Anthropologie weist auf die ernüchternde Tatsache erneut hin, dass der Mensch im Naturzustand nicht friedlich, sondern kriegslüstern war, und dass der Friede eine kulturelle Errungenschaft darstellt und, mit Kant gesprochen, »gestiftet werden muss«.

> »Der Friedenszustand unter Menschen, die neben einander leben, ist kein Naturzustand (status naturalis), der vielmehr ein Zustand des Krieges ist, d. i. wenn gleich nicht immer ein Ausbruch der Feindseligkeit, doch immerwährende Bedrohung mit denselben. Er muß also *gestiftet* werden.«[135]

---

134 Sigmund Freud, *Briefe 1873–1939*, S. 359f.
135 Immanuel Kant, *Zum ewigen Frieden*, S. 203.

Von welcher »Kulturentwicklung« kann man aber im Ernst behaupten, dass sie »gegen den Krieg arbeitet«? Warum es immer wieder zum Krieg kommen kann und muss, zeigt uns Freud in aller Deutlichkeit. Wie man den Friedenszustand dauerhaft absichert – das wollte ja Einstein von ihm hören – sagt er uns aber nicht.

Die Aktualität von *Warum Krieg?* ist deshalb so brennend, weil heute der Krieg u. a. in Ostmitteleuropa wieder wütet und die Aggressions- und Destruktionstriebe wieder freigesetzt sind. Wieder steht der ethisch motivierte und rational begründete Pazifismus nach dem Vorbild Albert Einsteins vor den größten Herausforderungen und muss sich selbst in Frage stellen. Und wieder einmal scheint die befriedete internationale Ordnung, die uns eine Art ewigen Frieden versprach, der Welt von gestern anzugehören. Wieder erlebt unsere Kultur »die Enttäuschung des Kriegs«, von der Freud in *Zeitgemäßes über Krieg und Tod* sprach. Es meinte die Enttäuschung über »die geringe Sittlichkeit der Staaten nach außen« und über »die Brutalität im Benehmen der Einzelnen, denen man als Teilnehmer an der höchsten menschlichen Kultur ähnliches nicht zugetraut«[136] hatte.

Auf den ersten Blick bereitet uns Freud selbst in *Warum Krieg?* eine herbe Enttäuschung. Einstein fragte ihn nicht nur nach den tiefenpsychologischen Ursachen des Kriegs; er fragte auch und vor allem *Wie stiftet man den Frieden?* Nun aber sind alle vom radikalen Aufklärer Freud vorgeschlagenen Lösungen, abgesehen von der »Diktatur der Vernunft«, an die er selbst nicht ernsthaft glauben musste, solche die, mit Freuds eigenen, schon zitierten Worten gesagt, an Mühlen erinnern, »die so langsam mahlen, dass man verhungern könnte, ehe man das Mehl bekommt.«[137]

Der einzige, immerhin beträchtliche Ertrag von *Warum Krieg?* bestünde schließlich in der radikalen Zerstörung unserer großen Illusionen (Fortschrittsidee, Traum vom ewigen Frieden, pazifistisches Wunschdenken…) und in der Anleitung zu einem schonungslosen Realismus. Freud ist ein Stoiker, der uns nicht lehrt, die Welt zu verändern, sondern die Welt zu ertragen.

---

136 ZKT, S. 331.
137 Freud, *Warum Krieg?* S. 24.

Editorische Vorbemerkung

Erstausgabe: *Zeitgemäßes über Krieg und Tod*, in *Imago. Zeitschrift für Anwendung der Psychoanalyse auf die Geisteswissenschaften*, Hrsg. von Sigmund Freud, Schriftleitung: Otto Rank u. Hanns Sachs, Wien-Leipzig, Hugo Heller, Bd. IV (1915–1916), Nr. 1 (1915), S. 1–21.
Erstausgabe in Buchform: *Zeitgemäßes über Krieg und Tod,* Leipzig-Wien-Zürich, Internationaler Psychoanalytischer Verlag, 1924, 34 Seiten.

Abdrucke in Werkausgaben Sigmund Freuds:
Gesammelte Schriften, Leipzig, Wien, Zürich: Internationaler Psychoanalytischer Verlag, 1924–1934, Bd. 10, S. 315–346.
Gesammelte Werke, Bd. 10, London: Imago Publishing, 1946, S. 13–27.
Studienausgabe, Frankfurt am Main: S. Fischer, 1969–1975, Bd. 9, S. 35–60.

Weitere Ausgaben:
Freud, Sigmund, *Das Unbehagen in der Kultur und andere kulturtheoretische Schriften*, Einl. von Alfred Lorenzer u. Bernard Görlich, Frankfurt am Main: Fischer Taschenbuch, 1994, S. 133–161.
Freud, Sigmund, *Zeitgemäßes über Krieg und Tod; Warum Krieg?* Hans-Martin Lohmann (Hg.), Ditzingen: Reclam, 2012, 2022, S. 5–43.

Für die vorliegende Ausgabe wurde der Text aus Sigmund Freud, *Gesammelte Werke*, Bd. X: *Werke aus den Jahren 1913–1917*, S. 323–355 (*[324]*-*[355]*), übernommen. Alle Sperrungen wurden in der vorliegenden Ausgabe gemäß den editorischen Grundsätzen der Reihe kursiv gesetzt.

Zeitgemäßes über Krieg und Tod (1915)

I   Die Enttäuschung des Krieges

[324] Von dem Wirbel dieser Kriegszeit gepackt, einseitig unterrichtet, ohne Distanz von den großen Veränderungen, die sich bereits vollzogen haben oder zu vollziehen beginnen, und ohne Witterung der sich gestaltenden Zukunft, werden wir selbst irre an der Bedeutung der Eindrücke, die sich uns aufdrängen, und an dem Wert der Urteile, die wir bilden. Es will uns scheinen, als hätte noch niemals ein Ereignis so viel kostbares Gemeingut der Menschheit zerstört, so viele der klarsten Intelligenzen verwirrt, so gründlich das Hohe erniedrigt. Selbst die Wissenschaft hat ihre leidenschaftslose Unparteilichkeit verloren; ihre aufs tiefste erbitterten Diener suchen ihr Waffen zu entnehmen, um einen Beitrag zur Bekämpfung des Feindes zu leisten. Der Anthropologe muß den Gegner für minderwertig und degeneriert erklären, der Psychiater die Diagnose seiner Geistes- oder Seelenstörung verkünden. Aber wahrscheinlich empfinden wir das Böse dieser Zeit unmäßig stark [325] und haben kein Recht, es mit dem Bösen anderer Zeiten zu vergleichen, die wir nicht erlebt haben.

Der Einzelne, der nicht selbst ein Kämpfer und somit ein Partikelchen der riesigen Kriegsmaschinerie geworden ist, fühlt sich in seiner Orientierung verwirrt und in seiner Leistungsfähigkeit gehemmt. Ich meine, ihm wird jeder kleine Wink willkommen sein, der es ihm erleichtert, sich wenigstens in seinem eigenen Innern zurechtzufinden. Unter den Momenten, welche das seelische Elend der Daheimgebliebenen verschuldet haben, und deren Bewältigung ihnen so schwierige Aufgaben stellt, möchte ich zwei hervorheben und an dieser Stelle behandeln: Die Enttäuschung, die dieser Krieg hervorgerufen hat, und die veränderte Einstellung zum Tode, zu der er uns – wie alle anderen Kriege – nötigt.

Wenn ich von Enttäuschung rede, weiß jedermann sofort, was damit gemeint ist. Man braucht kein Mitleidsschwärmer zu sein, man kann die biologische und psychologische Notwendigkeit des Leidens für die Ökonomie des Menschenlebens einsehen und darf doch den Krieg in seinen Mitteln und Zielen verurteilen und das Aufhören der Kriege herbeisehnen. Man sagte sich zwar, die Kriege könnten nicht aufhören, solange die Völker unter so verschiedenartigen Existenzbedingungen leben, solange die Wertungen des Einzellebens bei ihnen weit auseinandergehen, und solange die Gehässigkeiten, welche sie trennen, so starke seelische Triebkräfte repräsentieren. Man war also darauf vorbereitet, daß Kriege zwischen den primitiven und den zivilisierten Völkern, zwischen den Menschenrassen, die durch die Hautfarbe voneinander geschieden werden, ja Kriege mit und unter den wenig entwickelten oder verwilderten Völkerindividuen Europas die Menschheit noch durch geraume Zeit in Anspruch nehmen werden. Aber man getraute sich etwas anderes zu hoffen. Von den großen weltbeherrschenden Nationen weißer Rasse, denen die Führung des Menschengeschlechtes zugefallen ist, die man mit der Pflege welt-*[326]*umspannender Interessen beschäftigt wußte, deren Schöpfungen die technischen Fortschritte in der Beherrschung der Natur wie die künstlerischen und wissenschaftlichen Kulturwerte sind, von diesen Völkern hatte man erwartet, daß sie es verstehen würden, Mißhelligkeiten und Interessenkonflikte auf anderem Wege zum Austrag zu bringen. Innerhalb jeder dieser Nationen waren hohe sittliche Normen für den Einzelnen aufgestellt worden, nach denen er seine Lebensführung einzurichten hatte, wenn er an der Kulturgemeinschaft teilnehmen wollte. Diese oft überstrengen Vorschriften forderten viel von ihm, eine ausgiebige Selbstbeschränkung, einen weitgehenden Verzicht auf Triebbefriedigung. Es war ihm vor allem versagt, sich der außerordentlichen Vorteile zu bedienen, die der Gebrauch von Lüge und Betrug im Wettkampf mit den Nebenmenschen schafft. Der Kulturstaat hielt diese sittlichen Normen für die Grundlage seines Bestandes, er schritt ernsthaft ein, wenn man sie anzutasten wagte, erklärte es oft für untunlich, sie auch nur einer Prüfung durch den kritischen Verstand zu unterziehen. Es war also anzunehmen, daß er sie selbst respektieren wolle und nichts gegen sie zu unternehmen gedenke, wodurch er der Begründung seiner eigenen Existenz widersprochen hätte. Endlich konnte man zwar die Wahrnehmung machen, daß es innerhalb dieser Kulturnationen gewisse eingesprengte Völkerreste gäbe, die ganz allgemein unliebsam wären und darum nur widerwillig, auch nicht im vollen Umfange, zur Teilnahme an der gemeinsamen Kulturarbeit zugelassen würden, für die sie sich als genug geeignet erwiesen hatten. Aber die großen Völker selbst, konnte man meinen, hätten so viel Verständnis für ihre Gemeinsamkeiten und so viel Toleranz für ihre Verschiedenheiten erworben, daß »fremd« und »feindlich« nicht mehr wie noch im klassischen Altertum für sie zu einem Begriff verschmelzen durften.

Vertrauend auf diese Einigung der Kulturvölker haben ungezählte Menschen ihren Wohnort in der Heimat gegen den Auf-*[327]*enthalt in der Fremde eingetauscht und ihre Existenz an die Verkehrsbeziehungen zwischen den befreundeten Völkern geknüpft. Wen aber die Not des Lebens nicht ständig an die nämliche Stelle bannte, der konnte sich aus allen Vorzügen und Reizen der

Kulturländer ein neues größeres Vaterland zusammensetzen, in dem er sich ungehemmt und unverdächtigt erging. Er genoß so das blaue und das graue Meer, die Schönheit der Schneeberge und die der grünen Wiesenflächen, den Zauber des nordischen Waldes und die Pracht der südlichen Vegetation, die Stimmung der Landschaften, auf denen große historische Erinnerungen ruhen, und die Stille der unberührten Natur. Dies neue Vaterland war für ihn auch ein Museum, erfüllt mit allen Schätzen, welche die Künstler der Kulturmenschheit seit vielen Jahrhunderten geschaffen und hinterlassen hatten. Während er von einem Saal dieses Museums in einen anderen wanderte, konnte er in parteiloser Anerkennung feststellen, was für verschiedene Typen von Vollkommenheit Blutmischung, Geschichte und die Eigenart der Mutter Erde an seinen weiteren Kompatrioten ausgebildet hatten. Hier war die kühle unbeugsame Energie aufs höchste entwickelt, dort die graziöse Kunst, das Leben zu verschönern, anderswo der Sinn für Ordnung und Gesetz oder andere der Eigenschaften, die den Menschen zum Herrn der Erde gemacht haben.

Vergessen wir auch nicht daran, daß jeder Kulturweltbürger sich einen besonderen »Parnaß« und eine »Schule von Athen« geschaffen hatte. Unter den großen Denkern, Dichtern, Künstlern aller Nationen, hatte er die ausgewählt, denen er das Beste zu schulden vermeinte, was ihm an Lebensgenuß und Lebensverständnis zugänglich geworden war, und sie den unsterblichen Alten in seiner Verehrung zugesellt wie den vertrauten Meistern seiner eigenen Zunge. Keiner von diesen Großen war ihm darum fremd erschienen, weil er in anderer Sprache geredet hatte, weder der unvergleichliche Ergründer der menschlichen Leidenschaften, noch der schönheitstrunkene Schwärmer oder der gewaltig drohende *[328]* Prophet, der feinsinnige Spötter, und niemals warf er sich dabei vor, abtrünnig geworden zu sein der eigenen Nation und der geliebten Muttersprache.

Der Genuß der Kulturgemeinschaft wurde gelegentlich durch Stimmen gestört, welche warnten, daß infolge altüberkommener Differenzen Kriege auch unter den Mitgliedern derselben unvermeidlich wären. Man wollte nicht daran glauben, aber wie stellte man sich einen solchen Krieg vor, wenn es dazu kommen sollte? Als eine Gelegenheit die Fortschritte im Gemeingefühle der Menschen aufzuzeigen seit jener Zeit, da die griechischen Amphiktyonien verboten hatten, eine dem Bündnisse angehörige Stadt zu zerstören, ihre Ölbäume umzuhauen und ihr das Wasser abzuschneiden. Als einen ritterlichen Waffengang, der sich darauf beschränken wollte, die Überlegenheit des einen Teils festzustellen, unter möglichster Vermeidung schwerer Leiden, die zu dieser Entscheidung nichts beitragen könnten, mit voller Schonung für den Verwundeten, der aus dem Kampf ausscheiden muß, und für den Arzt und Pfleger, der sich seiner Herstellung widmet. Natürlich mit allen Rücksichten für den nicht kriegführenden Teil der Bevölkerung, für die Frauen, die dem Kriegshandwerk ferne bleiben, und für die Kinder, die, herangewachsen, einander von beiden Seiten Freunde und Mithelfer werden sollen. Auch mit Erhaltung all der internationalen Unternehmungen und Institutionen, in denen sich die Kulturgemeinschaft der Friedenszeit verkörpert hatte.

Ein solcher Krieg hätte immer noch genug des Schrecklichen und schwer zu Ertragenden enthalten, aber er hätte die Entwicklung ethischer Beziehungen zwischen den Großindividuen der Menschheit, den Völkern und Staaten, nicht unterbrochen.

Der Krieg, an den wir nicht glauben wollten, brach nun aus und er brachte die – Enttäuschung. Er ist nicht nur blutiger und verlustreicher als einer der Kriege vorher, infolge der mächtig vervollkommneten Waffen des Angriffs und der Verteidigung, *[329]* sondern mindestens ebenso grausam, erbittert, schonungslos wie irgend ein früherer. Er setzt sich über alle Einschränkungen hinaus, zu denen man sich in friedlichen Zeiten verpflichtet, die man das Völkerrecht genannt hatte, anerkennt nicht die Vorrechte des Verwundeten und des Arztes, die Unterscheidung des friedlichen und des kämpfenden Teils der Bevölkerung, die Ansprüche des Privateigentums. Er wirft nieder, was ihm im Wege steht, in blinder Wut, als sollte es keine Zukunft und keinen Frieden unter den Menschen nach ihm geben. Er zerreißt alle Bande der Gemeinschaft unter den miteinander ringenden Völkern und droht eine Erbitterung zu hinterlassen, welche eine Wiederanknüpfung derselben für lange Zeit unmöglich machen wird.

Er brachte auch das kaum begreifliche Phänomen zum Vorschein, daß die Kulturvölker einander so wenig kennen und verstehen, daß sich das eine mit Haß und Abscheu gegen das andere wenden kann. Ja daß eine der großen Kulturnationen so allgemein mißliebig ist, daß der Versuch gewagt werden kann, sie als »barbarisch« von der Kulturgemeinschaft auszuschließen, obwohl sie ihre Eignung durch die großartigsten Beitragsleistungen längst erwiesen hat. Wir leben der Hoffnung, eine unparteiische Geschichtsschreibung werde den Nachweis erbringen, daß gerade diese Nation, die, in deren Sprache wir schreiben, für deren Sieg unsere Lieben kämpfen, sich am wenigsten gegen die Gesetze der menschlichen Gesittung vergangen habe, aber wer darf in solcher Zeit als Richter auftreten in eigener Sache?

Völker werden ungefähr durch die Staaten, die sie bilden, repräsentiert; diese Staaten durch die Regierungen, die sie leiten. Der einzelne Volksangehörige kann in diesem Krieg mit Schreck feststellen, was sich ihm gelegentlich schon in Friedenszeiten aufdrängen wollte, daß der Staat dem Einzelnen den Gebrauch des Unrechts untersagt hat, nicht weil er es abschaffen, sondern weil er es monopolisieren will wie Salz und Tabak. Der kriegführende Staat gibt sich jedes Unrecht, jede Gewalttätigkeit frei, die den *[330]* Einzelnen entehren würde. Er bedient sich nicht nur der erlaubten List, sondern auch der bewußten Lüge und des absichtlichen Betruges gegen den Feind, und dies zwar in einem Maße, welches das in früheren Kriegen Gebräuchliche zu übersteigen scheint. Der Staat fordert das Äußerste an Gehorsam und Aufopferung von seinen Bürgern, entmündigt sie aber dabei durch ein Übermaß von Verheimlichung und eine Zensur der Mitteilung und Meinungsäußerung, welche die Stimmung der so intellektuell Unterdrückten wehrlos macht gegen jede ungünstige Situation und jedes wüste Gerücht. Er löst sich los von Zusicherungen und Verträgen, durch die er sich gegen andere Staaten gebunden hatte, bekennt sich ungescheut zu seiner Habgier und seinem Machtstreben, die dann der Einzelne aus Patriotismus gutheißen soll.

Man wende nicht ein, daß der Staat auf den Gebrauch des Unrechts nicht verzichten kann, weil er sich dadurch in Nachteil setzte. Auch für den Einzelnen ist die Befolgung der sittlichen Normen, der Verzicht auf brutale Machtbetätigung in der Regel sehr unvorteilhaft, und der Staat zeigt sich nur selten dazu fähig, den Einzelnen für das Opfer zu entschädigen, das er von ihm gefordert hat. Man darf sich auch nicht darüber verwundern, daß die Lockerung aller sittlichen Beziehungen zwischen den Großindividuen der Menschheit eine Rückwirkung auf die Sittlichkeit der Einzelnen geäußert hat, denn unser Gewissen ist nicht der unbeugsame Richter, für den die Ethiker es ausgeben, es ist in seinem Ursprunge »*soziale Angst*« und nichts anderes. Wo die Gemeinschaft den Vorwurf aufhebt, hört auch die Unterdrückung der bösen Gelüste auf, und die Menschen begehen Taten von Grausamkeit, Tücke, Verrat und Roheit, deren Möglichkeit man mit ihrem kulturellen Niveau für unvereinbar gehalten hätte.

So mag der Kulturweltbürger, den ich vorhin eingeführt habe, ratlos dastehen in der ihm fremd gewordenen Welt, sein großes Vaterland zerfallen, die gemeinsamen Besitztümer verwüstet, die Mitbürger entzweit und erniedrigt!

[331] Zur Kritik seiner Enttäuschung wäre einiges zu bemerken. Sie ist, strenge genommen, nicht berechtigt, denn sie besteht in der Zerstörung einer Illusion. Illusionen empfehlen sich uns dadurch, daß sie Unlustgefühle ersparen und uns an ihrer Statt Befriedigungen genießen lassen. Wir müssen es dann ohne Klage hinnehmen, daß sie irgend einmal mit einem Stück der Wirklichkeit zusammenstoßen, an dem sie zerschellen.

Zweierlei in diesem Kriege hat unsere Enttäuschung rege gemacht: die geringe Sittlichkeit der Staaten nach außen, die sich nach innen als die Wächter der sittlichen Normen gebärden, und die Brutalität im Benehmen der Einzelnen, denen man als Teilnehmer an der höchsten menschlichen Kultur ähnliches nicht zugetraut hat.

Beginnen wir mit dem zweiten Punkt und versuchen wir es, die Anschauung, die wir kritisieren wollen, in einen einzigen knappen Satz zu fassen. Wie stellt man sich denn eigentlich den Vorgang vor, durch welchen ein einzelner Mensch zu einer höheren Stufe von Sittlichkeit gelangt? Die erste Antwort wird wohl lauten: Er ist eben von Geburt und von Anfang an gut und edel. Sie soll hier weiter nicht berücksichtigt werden. Eine zweite Antwort wird auf die Anregung eingehen, daß hier ein Entwicklungsvorgang vorliegen müsse, und wird wohl annehmen, diese Entwicklung bestehe darin, daß die bösen Neigungen des Menschen in ihm ausgerottet und unter dem Einfluß von Erziehung und Kulturumgebung durch Neigungen zum Guten ersetzt werden. Dann darf man sich allerdings verwundern, daß bei dem so Erzogenen das Böse wieder so tatkräftig zum Vorschein kommt.

Aber diese Antwort enthält auch den Satz, dem wir widersprechen wollen. In Wirklichkeit gibt es keine »Ausrottung« des Bösen. Die psychologische – im strengeren Sinne die psychoanalytische – Untersuchung zeigt vielmehr, daß das tiefste Wesen des Menschen in Triebregungen besteht, die elementarer Natur, bei allen Menschen gleichartig sind und auf die Befriedigung *[332]* gewisser ursprünglicher Bedürfnisse zielen. Diese Triebregungen sind an sich weder gut noch böse. Wir klassifizieren sie und ihre Äußerungen in solcher Weise je nach ihrer Beziehung zu den Bedürfnissen und Anforderungen der menschlichen Gemeinschaft. Zuzugeben ist, daß alle die Regungen, welche von der Gesellschaft als böse verpönt werden – nehmen wir als Vertretung derselben die eigensüchtigen und die grausamen – sich unter diesen primitiven befinden.

Diese primitiven Regungen legen einen langen Entwicklungsweg zurück, bis sie zur Betätigung beim Erwachsenen zugelassen werden. Sie werden gehemmt, auf andere Ziele und Gebiete gelenkt, gehen Verschmelzungen miteinander ein, wechseln ihre Objekte, wenden sich zum Teil gegen die eigene Person. Reaktionsbildungen gegen gewisse Triebe täuschen die inhaltliche Verwandlung derselben vor, als ob aus Egoismus – Altruismus, aus Grausamkeit – Mitleid geworden wäre. Diesen Reaktionsbildungen kommt zugute, daß manche Triebregungen fast von Anfang an in Gegensatzpaaren auftreten, ein sehr merkwürdiges und der populären Kenntnis fremdes Verhältnis, das man die »Gefühlsambivalenz« benannt hat. Am leichtesten zu beobachten und vom Verständnis zu bewältigen ist die Tatsache, daß starkes Lieben und starkes Hassen so häufig miteinander bei derselben Person vereint vorkommen. Die Psychoanalyse fügt dem hinzu, daß die beiden entgegengesetzten Gefühlsregungen nicht selten auch die nämliche Person zum Objekt nehmen.

Erst nach Überwindung all solcher »Triebschicksale« stellt sich das heraus, was man den Charakter eines Menschen nennt, und was mit »gut« oder »böse« bekanntlich nur sehr unzureichend klassifiziert werden kann. Der Mensch ist selten im ganzen gut oder böse, meist »gut« in dieser Relation, böse in einer anderen oder »gut« unter solchen äußeren Bedingungen, unter anderen entschieden »böse«. Interessant ist die Erfahrung, daß die kindliche Präexistenz starker »böser« Regungen oft *[333]* geradezu die Bedingung wird für eine besonders deutliche Wendung des Erwachsenen zum »Guten«. Die stärksten kindlichen Egoisten können die hilfreichsten und aufopferungsfähigsten Bürger werden; die meisten Mitleidschwärmer, Menschenfreunde, Tierschützer haben sich aus kleinen Sadisten und Tierquälern entwickelt.

Die Umbildung der »bösen« Triebe ist das Werk zweier im gleichen Sinne wirkenden Faktoren, eines inneren und eines äußeren. Der innere Faktor besteht in der Beeinflussung der bösen – sagen wir: eigensüchtigen – Triebe durch die Erotik, das Liebesbedürfnis des Menschen im weitesten Sinne genommen. Durch die Zumischung der *erotischen* Komponenten werden die eigensüchtigen Triebe in *soziale* umgewandelt. Man lernt das Geliebtwerden als einen Vorteil schätzen, wegen dessen man auf andere Vorteile verzichten darf. Der äußere Faktor ist der Zwang der Erziehung, welche die Ansprüche der kulturellen Umgebung vertritt, und die dann durch die direkte Einwirkung des Kulturmilieus fortgesetzt wird. Kultur ist durch Verzicht auf Triebbefriedigung gewonnen worden und fordert von jedem neu Ankommenden, daß er denselben Triebverzicht leiste. Während des individuellen Lebens findet eine beständige Umsetzung von äußerem Zwang in inneren Zwang statt. Die Kultureinflüsse leiten dazu an, daß immer mehr von den eigensüchtigen Strebungen durch erotische Zusätze in altruistische, soziale verwandelt werden. Man darf endlich annehmen, daß aller innere Zwang, der sich in der Entwicklung des Menschen geltend macht, ursprünglich, d. h. in der *Menschheitsgeschichte* nur äußerer Zwang war. Die Menschen, die heute geboren werden, bringen ein Stück Neigung (Disposition) zur Umwandlung der egoistischen in soziale Triebe als ererbte Organisation mit, die auf leichte Anstöße hin diese Umwandlung durchführt. Ein anderes Stück dieser Triebumwandlung muß im Leben selbst geleistet werden. In solcher Art steht der einzelne Mensch nicht nur unter der Einwirkung seines gegen-[334]wärtigen Kulturmilieus, sondern unterliegt auch dem Einflusse der Kulturgeschichte seiner Vorfahren.

Heißen wir die einem Menschen zukommende Fähigkeit zur Umbildung der egoistischen Triebe unter dem Einfluß der Erotik seine *Kultureignung*, so können wir aussagen, daß dieselbe aus zwei Anteilen besteht, einem angeborenen und einem im Leben erworbenen, und daß das Verhältnis der beiden zueinander und zu dem unverwandelt gebliebenen Anteil des Trieblebens ein sehr variables ist.

Im allgemeinen sind wir geneigt, den angeborenen Anteil zu hoch zu veranschlagen, und überdies laufen wir Gefahr, die gesamte Kultureignung in ihrem Verhältnis zum primitiv gebliebenen Triebleben zu überschätzen, d. h. wir werden dazu verleitet, die Menschen »besser« zu beurteilen, als sie in Wirklichkeit sind. Es besteht nämlich noch ein anderes Moment, welches unser Urteil trübt und das Ergebnis im günstigen Sinne verfälscht.

Die Triebregungen eines anderen Menschen sind unserer Wahrnehmung natürlich entrückt. Wir schließen auf sie aus seinen Handlungen und seinem Benehmen, welche wir auf *Motive* aus seinem Triebleben zurückführen. Ein solcher Schluß geht notwendigerweise in einer Anzahl von Fällen irre. Die nämlichen, kulturell »guten« Handlungen können das einemal von »edlen« Motiven herstammen, das anderemal nicht. Die theoretischen Ethiker heißen nur solche Handlungen »gut«, welche der Ausdruck guter Triebregungen sind, den anderen versagen sie ihre Anerkennung. Die von praktischen Absichten geleitete Gesellschaft kümmert sich aber im ganzen um diese Unterscheidung nicht; sie begnügt sich damit, daß ein Mensch sein Benehmen und seine Handlungen nach den kulturellen Vorschriften richte, und fragt wenig nach seinen Motiven.

Wir haben gehört, daß der *äußere Zwang*, den Erziehung und Umgebung auf den Menschen üben, eine weitere Umbildung *[335]* seines Trieblebens zum Guten, eine Wendung vom Egoismus zum Altruismus herbeiführt. Aber dies ist nicht die notwendige oder regelmäßige Wirkung des äußeren Zwanges. Erziehung und Umgebung haben nicht nur Liebesprämien anzubieten, sondern arbeiten auch mit Vorteilsprämien anderer Art, mit Lohn und Strafen. Sie können also die Wirkung äußern, daß der ihrem Einfluß Unterliegende sich zum guten Handeln im kulturellen Sinne entschließt, ohne daß sich eine Triebveredlung, eine Umsetzung egoistischer in soziale Neigungen, in ihm vollzogen hat. Der Erfolg wird im groben derselbe sein; erst unter besonderen Verhältnissen wird es sich zeigen, daß der eine immer gut handelt, weil ihn seine Triebneigungen dazu nötigen, der andere nur gut ist, weil, insolange und insoweit dies kulturelle Verhalten seinen eigensüchtigen Absichten Vorteile bringt. Wir aber werden bei oberflächlicher Bekanntschaft mit den Einzelnen kein Mittel haben, die beiden Fälle zu unterscheiden, und gewiß durch unseren Optimismus verführt werden, die Anzahl der kulturell veränderten Menschen arg zu überschätzen.

Die Kulturgesellschaft, die die gute Handlung fordert und sich um die Triebbegründung derselben nicht kümmert, hat also eine große Zahl von Menschen zum Kulturgehorsam gewonnen, die dabei nicht ihrer Natur folgen. Durch diesen Erfolg ermutigt, hat sie sich verleiten lassen, die sittlichen Anforderungen möglichst hoch zu spannen und so ihre Teilnehmer zu noch weiterer Entfernung von ihrer Triebveranlagung gezwungen. Diesen ist nun eine fortgesetzte Triebunterdrückung auferlegt, deren Spannung sich in den merkwürdigsten Reaktions- und Kompensationserscheinungen kundgibt. Auf dem Gebiete der Sexualität, wo solche Unterdrückung am wenigsten durchzuführen ist, kommt es so zu den Reaktionserscheinungen der neurotischen Erkrankungen. Der sonstige Druck der Kultur zeitigt zwar keine pathologische Folgen, äußert sich aber in Charakterverbildungen und in der steten Bereitschaft der gehemmten Triebe, bei passender Gelegen-*[336]*heit zur Befriedigung durchzubrechen. Wer so genötigt wird, dauernd im Sinne von Vorschriften zu reagieren, die nicht der Ausdruck seiner Triebneigungen sind, der lebt, psychologisch verstanden, über seine Mittel und darf objektiv als Heuchler bezeichnet werden, gleichgiltig ob ihm diese Differenz klar bewußt worden ist oder nicht. Es ist unleugbar, daß unsere gegenwärtige Kultur die Ausbildung dieser Art von Heuchelei in außerordentlichem Umfange begünstigt. Man könnte die Behauptung wagen, sie sei auf solcher Heuchelei aufgebaut und müßte sich tiefgreifende Abänderungen gefallen lassen, wenn es die Menschen unternehmen würden, der psychologischen Wahrheit nachzuleben. Es gibt also ungleich mehr Kulturheuchler als wirklich kulturelle Menschen, ja man kann den Standpunkt diskutieren, ob ein gewisses Maß von Kulturheuchelei nicht zur Aufrechterhaltung der Kultur unerläßlich sei, weil die bereits organisierte Kultureignung der heute lebenden Menschen vielleicht für diese Leistung nicht zureichen würde. Anderseits bietet die Aufrechterhaltung der Kultur auch auf so bedenklicher Grundlage die Aussicht, bei jeder neuen Generation eine weitergehende Triebumbildung als Trägerin einer besseren Kultur anzubahnen.

Den bisherigen Erörterungen entnehmen wir bereits den einen Trost, daß unsere Kränkung und schmerzliche Enttäuschung wegen des unkulturellen Benehmens unserer Weltmitbürger in diesem Kriege unberechtigt waren. Sie beruhen auf einer Illusion, der wir uns gefangen gaben. In Wirklichkeit sind sie nicht so tief gesunken, wie wir fürchten, weil sie gar nicht so hoch gestiegen waren, wie wirs von ihnen glaubten. Daß die menschlichen Großindividuen, die Völker und Staaten, die sittlichen Beschränkungen gegeneinander fallen ließen, wurde ihnen zur begreiflichen Anregung, sich für eine Weile dem bestehenden Drucke der Kultur zu entziehen und ihren zurückgehaltenen Trieben vorübergehend Befriedigung zu gönnen. Dabei geschah ihrer relativen Sittlichkeit innerhalb des eigenen Volkstums wahrscheinlich kein Abbruch.

[337] Wir können uns aber das Verständnis der Veränderung, die der Krieg an unseren früheren Kompatrioten zeigt, noch vertiefen und empfangen dabei eine Warnung, kein Unrecht an ihnen zu begehen. Seelische Entwicklungen besitzen nämlich eine Eigentümlichkeit, welche sich bei keinem anderen Entwicklungsvorgang mehr vorfindet. Wenn ein Dorf zur Stadt, ein Kind zum Mann heranwächst, so gehen dabei Dorf und Kind in Stadt und Mann unter. Nur die Erinnerung kann die alten Züge in das neue Bild einzeichnen; in Wirklichkeit sind die alten Materialien oder Formen beseitigt und durch neue ersetzt worden. Anders geht es bei einer seelischen Entwicklung zu. Man kann den nicht zu vergleichenden Sachverhalt nicht anders beschreiben als durch die Behauptung, daß jede frühere Entwicklungsstufe neben der späteren, die aus ihr geworden ist, erhalten bleibt; die Sukzession bedingt eine Koexistenz mit, obwohl es doch dieselben Materialien sind, an denen die ganze Reihenfolge von Veränderungen abgelaufen ist. Der frühere seelische Zustand mag sich jahrelang nicht geäußert haben, er bleibt doch soweit bestehen, daß er eines Tages wiederum die Äußerungsform der seelischen Kräfte werden kann, und zwar die einzige, als ob alle späteren Entwicklungen annulliert, rückgängig gemacht worden wären. Diese außerordentliche Plastizität der seelischen Entwicklungen ist in ihrer Richtung nicht unbeschränkt; man kann sie als eine besondere Fähigkeit zur Rückbil-

dung – Regression – bezeichnen, denn es kommt wohl vor, daß eine spätere und höhere Entwicklungsstufe, die verlassen wurde, nicht wieder erreicht werden kann. Aber die primitiven Zustände können immer wieder hergestellt werden; das primitive Seelische ist im vollsten Sinne unvergänglich.

Die sogenannten Geisteskrankheiten müssen beim Laien den Eindruck hervorrufen, daß das Geistes- und Seelenleben der Zerstörung anheimgefallen sei. In Wirklichkeit betrifft die Zerstörung nur spätere Erwerbungen und Entwicklungen. Das Wesen der Geisteskrankheit besteht in der Rückkehr zu früheren Zuständen *[337]* des Affektlebens und der Funktion. Ein ausgezeichnetes Beispiel für die Plastizität des Seelenlebens gibt der Schlafzustand, den wir allnächtlich anstreben. Seitdem wir auch tolle und verworrene Träume zu übersetzen verstehen, wissen wir, daß wir mit jedem Einschlafen unsere mühsam erworbene Sittlichkeit wie ein Gewand von uns werfen – um es am Morgen wieder anzutun. Diese Entblößung ist natürlich ungefährlich, weil wir durch den Schlafzustand gelähmt, zur Inaktivität verurteilt sind. Nur der Traum kann von der Regression unseres Gefühllebens auf eine der frühesten Entwicklungsstufen Kunde geben. So ist es z. B. bemerkenswert, daß alle unsere Träume von rein egoistischen Motiven beherrscht werden. Einer meiner englischen Freunde vertrat einmal diesen Satz vor einer wissenschaftlichen Versammlung in Amerika, worauf ihm eine anwesende Dame die Bemerkung machte, das möge vielleicht für Österreich richtig sein, aber sie dürfe von sich und ihren Freunden behaupten, daß sie auch noch im Traume altruistisch fühlen. Mein Freund, obwohl selbst ein Angehöriger der englischen Rasse, mußte auf Grund seiner eigenen Erfahrungen in der Traumanalyse der Dame energisch widersprechen: Im Traume sei auch die edle Amerikanerin ebenso egoistisch wie der Österreicher.

Es kann also auch die Triebumbildung, auf welcher unsere Kultureignung beruht, durch Einwirkungen des Lebens – dauernd oder zeitweilig – rückgängig gemacht werden. Ohne Zweifel gehören die Einflüsse des Krieges zu den Mächten, welche solche Rückbildung erzeugen können, und darum brauchen wir nicht allen jenen, die sich gegenwärtig unkulturell benehmen, die Kultureignung abzusprechen, und dürfen erwarten, daß sich ihre Triebveredlung in ruhigeren Zeiten wieder herstellen wird.

Vielleicht hat uns aber ein anderes Symptom bei unseren Weltmitbürgern nicht weniger überrascht und geschreckt als das so schmerzlich empfundene Herabsinken von ihrer ethischen Höhe. Ich meine die Einsichtslosigkeit, die sich bei den besten Köpfen *[339]* zeigt, ihre Verstocktheit, Unzugänglichkeit gegen die eindringlichsten Argumente, ihre kritiklose Leichtgläubigkeit für die anfechtbarsten Behauptungen. Dies ergibt freilich ein trauriges Bild, und ich will ausdrücklich betonen, daß ich keineswegs als verblendeter Parteigänger alle intellektuelle Verfehlungen nur auf einer der beiden Seiten finde. Allein diese Erscheinung ist noch leichter zu erklären und weit weniger bedenklich als die vorhin gewürdigte. Menschenkenner und Philosophen haben uns längst belehrt, daß wir Unrecht daran tun, unsere Intelligenz als selbständige Macht zu schätzen und ihre Abhängigkeit vom Gefühlsleben zu übersehen. Unser Intellekt könne nur verläßlich arbeiten, wenn er den Einwirkungen starker Gefühlsregungen entrückt sei; im gegenteiligen Falle benehme er sich einfach wie ein Instrument zu Handen eines Willens und liefere das Resultat, das ihm von diesem aufgetragen sei. Logische Argumente seien also ohnmächtig gegen affektive Interessen, und darum sei das Streiten mit Gründen, die nach Falstaffs Wort so gemein sind wie Brombeeren, in der Welt der Interessen so unfruchtbar. Die psychoanalytische Erfahrung hat diese Behauptung womöglich noch unterstrichen. Sie kann alle Tage zeigen, daß sich die scharfsinnigsten Menschen plötzlich einsichtslos wie Schwachsinnige benehmen, sobald die verlangte Einsicht einem Gefühlswiderstand bei ihnen begegnet, aber auch alles Verständnis wieder erlangen, wenn dieser Widerstand überwunden ist. Die logische Verblendung, die dieser Krieg oft gerade bei den besten unserer Mitbürger hervorgezaubert hat, ist also ein sekundäres Phänomen, eine Folge der Gefühlserregung, und hoffentlich dazu bestimmt, mit ihr zu verschwinden.

Wenn wir solcher Art unsere uns entfremdeten Mitbürger wieder verstehen, werden wir die Enttäuschung, die uns die Großindividuen der Menschheit, die Völker, bereitet haben, um vieles leichter ertragen, denn an diese dürfen wir nur weit bescheidenere Ansprüche stellen. Dieselben wiederholen vielleicht die Entwicklung der Individuen und treten uns heute noch auf sehr primi-*[340]*tiven Stufen der Organisation, der Bildung höherer Einheiten, entgegen. Dem entsprechend ist das erziehliche Moment des äußeren Zwanges zur Sittlichkeit, welches wir beim Einzelnen so wirksam fanden, bei ihnen noch kaum nachweisbar. Wir hatten zwar gehofft, daß die großartige, durch Verkehr und Produktion hergestellte Interessengemeinschaft den Anfang eines solchen Zwanges ergeben werde, allein es scheint, die Völker gehorchen ihren Leidenschaften derzeit weit mehr als ihren Interessen. Sie bedienen sich höchstens der Interessen, um die Leidenschaften zu *rationalisieren*; sie schieben ihre Interessen vor, um die Befriedigung ihrer Leidenschaften begründen zu können. Warum die Völkerindividuen einander eigentlich geringschätzen, hassen, verabscheuen, und zwar auch in Friedenszeiten, und jede Nation die andere, das ist freilich rätselhaft. Ich weiß es nicht zu sagen. Es ist in diesem Falle gerade so, als ob sich alle sittlichen Erwerbungen der Einzelnen auslöschten, wenn man eine Mehrheit oder gar Millionen Menschen zusammennimmt, und nur die primitivsten, ältesten und rohesten, seelischen Einstellungen übrig blieben. An diesen bedauerlichen Verhältnissen werden vielleicht erst späte Entwicklungen etwas ändern können. Aber etwas mehr Wahrhaftigkeit und Aufrichtigkeit allerseits, in den Beziehungen der Menschen zueinander und zwischen ihnen und den sie Regierenden dürfte auch für diese Umwandlung die Wege ebnen.

II Unser Verhältnis zum Tode

[341] Das zweite Moment, von dem ich es ableite, daß wir uns so befremdet fühlen in dieser einst so schönen und trauten Welt, ist die Störung des bisher von uns festgehaltenen Verhältnisses zum Tode.

Dies Verhältnis war kein aufrichtiges. Wenn man uns anhörte, so waren wir natürlich bereit zu vertreten, daß der Tod der notwendige Ausgang alles Lebens sei, daß jeder von uns der Natur einen Tod schulde und vorbereitet sein müsse, die Schuld zu bezahlen, kurz, daß der Tod natürlich sei, unableugbar und unvermeidlich. In Wirklichkeit pflegten wir uns aber zu benehmen, als ob es anders wäre. Wir haben die unverkennbare Tendenz gezeigt, den Tod beiseite zu schieben, ihn aus dem Leben zu eliminieren. Wir haben versucht, ihn totzuschweigen; wir besitzen ja auch das Sprichwort: man denke an etwas wie an den Tod. Wie an den eigenen natürlich. Der eigene Tod ist ja auch unvorstellbar, und so oft wir den Versuch dazu machen, können wir bemerken, daß wir eigentlich als Zuschauer weiter dabei bleiben. So konnte in der psychoanalytischen Schule der Ausspruch gewagt werden: Im Grunde glaube niemand an seinen eigenen Tod oder, was dasselbe ist: Im Unbewußten sei jeder von uns von seiner Unsterblichkeit überzeugt.

[342] Was den Tod eines anderen betrifft, so wird der Kulturmensch es sorgfältig vermeiden, von dieser Möglichkeit zu sprechen, wenn der zum Tode Bestimmte es hören kann. Nur Kinder setzen sich über diese Beschränkung hinweg; sie drohen einander ungescheut mit den Chancen des Sterbens und bringen es auch zustande, einer geliebten Person dergleichen ins Gesicht zu sagen, wie z. B.: Liebe Mama, wenn du leider gestorben sein wirst, werde ich dies oder jenes. Der erwachsene Kultivierte wird den Tod eines anderen auch nicht gerne in seine Gedanken einsetzen, ohne sich hart oder böse zu erscheinen; es sei denn, daß er berufsmäßig als Arzt, Advokat u. dgl. mit dem Tode zu tun habe. Am wenigsten wird er sich gestatten, an den Tod des anderen zu denken, wenn mit diesem Ereignis ein Gewinn an Freiheit, Besitz, Stellung verbunden ist. Natürlich lassen sich Todesfälle durch dies unser Zartgefühl nicht zurückhalten; wenn sie sich ereignet haben, sind wir jedesmal tief ergriffen und wie in unseren Erwartungen erschüttert. Wir betonen regelmäßig die zufällige Veranlassung des Todes, den Unfall, die Erkrankung, die Infektion, das hohe Alter, und verraten so unser Bestreben, den Tod von einer Notwendigkeit zu einer Zufälligkeit herabzudrücken. Eine Häufung von Todesfällen erscheint uns als etwas überaus Schreckliches. Dem Verstorbenen selbst bringen wir ein besonderes Verhalten entgegen, fast wie eine Bewunderung für einen, der etwas sehr Schwieriges zustande gebracht hat. Wir stellen die Kritik gegen ihn ein, sehen ihm sein etwaiges Unrecht nach, geben den Befehl aus: *de mortuis nil nisi bene*, und finden es gerechtfertigt, daß man ihm in der Leichenrede und auf dem Grabstein das

Vorteilhafteste nachrühmt. Die Rücksicht auf den Toten, deren er doch nicht mehr bedarf, steht uns über der Wahrheit, den meisten von uns gewiß auch über der Rücksicht für den Lebenden.

Diese kulturell-konventionelle Einstellung gegen den Tod ergänzt sich nun durch unseren völligen Zusammenbruch, wenn das Sterben *[343]* eine der uns nahestehenden Personen, einen Eltern- oder Gattenteil, ein Geschwister, Kind oder teuren Freund getroffen hat. Wir begraben mit ihm unsere Hoffnungen, Ansprüche, Genüsse, lassen uns nicht trösten und weigern uns, den Verlorenen zu ersetzen. Wir benehmen uns dann wie eine Art von Asra, welche *mitsterben, wenn die sterben, die sie lieben.*

Dies unser Verhältnis zum Tode hat aber eine starke Wirkung auf unser Leben. Das Leben verarmt, es verliert an Interesse, wenn der höchste Einsatz in den Lebensspielen, eben das Leben selbst, nicht gewagt werden darf. Es wird so schal, gehaltlos wie etwa ein amerikanischer Flirt, bei dem es von vorneherein feststeht, daß nichts vorfallen darf, zum Unterschied von einer kontinentalen Liebesbeziehung, bei welcher beide Partner stets der ernsten Konsequenzen eingedenk bleiben müssen. Unsere Gefühlsbindungen, die unerträgliche Intensität unserer Trauer, machen uns abgeneigt, für uns und die unserigen Gefahren aufzusuchen. Wir getrauen uns nicht, eine Anzahl von Unternehmungen in Betracht zu ziehen, die gefährlich, aber eigentlich unerläßlich sind wie Flugversuche, Expeditionen in ferne Länder, Experimente mit explodierbaren Substanzen. Uns lähmt dabei das Bedenken, wer der Mutter den Sohn, der Gattin den Mann, den Kindern den Vater ersetzen soll, wenn ein Unglück geschieht. Die Neigung, den Tod aus der Lebensrechnung auszuschließen, hat so viele andere Verzichte und Ausschließungen im Gefolge. Und doch hat der Wahlspruch der Hansa gelautet: *Navigare necesse est, vivere non necesse!* Seefahren muß man, leben muß man nicht.

Es kann dann nicht anders kommen, als daß wir in der Welt der Fiktion, in der Literatur, im Theater Ersatz suchen für die Einbuße des Lebens. Dort finden wir noch Menschen, die zu sterben verstehen, ja die es auch zustande bringen, einen anderen zu töten. Dort allein erfüllt sich uns auch die Bedingung, unter welcher wir uns mit dem Tod versöhnen könnten, wenn wir nämlich hinter allen Wechselfällen des Lebens noch ein unantast-*[344]*bares Leben übrig behielten. Es ist doch zu traurig, daß es im Leben zugehen kann wie im Schachspiel, wo ein falscher Zug uns zwingen kann, die Partie verloren zu geben, mit dem Unterschied aber, daß wir keine zweite, keine Revanchepartie beginnen können. Auf dem Gebiete der Fiktion finden wir jene Mehrheit von Leben, deren wir bedürfen. Wir sterben in der Identifizierung mit dem einen Helden, überleben ihn aber doch und sind bereit, ebenso ungeschädigt ein zweites Mal mit einem anderen Helden zu sterben.

Es ist evident, daß der Krieg diese konventionelle Behandlung des Todes hinwegfegen muß. Der Tod läßt sich jetzt nicht mehr verleugnen; man muß an ihn glauben. Die Menschen sterben wirklich, auch nicht mehr einzeln, sondern viele, oft Zehntausende an einem Tag. Er ist auch kein Zufall mehr. Es scheint freilich noch zufällig, ob diese Kugel den einen trifft oder den andern; aber diesen anderen mag leicht eine zweite Kugel treffen, die Häufung macht dem Eindruck des Zufälligen ein Ende. Das Leben ist freilich wieder interessant geworden, es hat seinen vollen Inhalt wieder bekommen.

Man müßte hier eine Scheidung in zwei Gruppen vornehmen, diejenigen, die selbst im Kampf ihr Leben preisgeben, trennen von den anderen, die zu Hause geblieben sind und nur zu erwarten haben, einen ihrer Lieben an den Tod durch Verletzung, Krankheit oder Infektion zu verlieren. Es wäre gewiß sehr interessant, die Veränderungen in der Psychologie der Kämpfer zu studieren, aber ich weiß zu wenig darüber. Wir müssen uns an die zweite Gruppe halten, zu der wir selbst gehören. Ich sagte schon, daß ich meine, die Verwirrung und die Lähmung unserer Leistungsfähigkeit, unter denen wir leiden, seien wesentlich mitbestimmt durch den Umstand, daß wir unser bisheriges Verhältnis zum Tode nicht aufrecht halten können und ein neues noch nicht gefunden haben. Vielleicht hilft es uns dazu, wenn wir unsere psychologische Untersuchung auf zwei andere *[345]* Beziehungen zum Tode richten, auf jene, die wir dem Urmenschen, dem Menschen der Vorzeit zuschreiben dürfen, und jene andere, die in jedem von uns noch erhalten ist, aber sich unsichtbar für unser Bewußtsein in tieferen Schichten unseres Seelenlebens verbirgt.

Wie sich der Mensch der Vorzeit gegen den Tod verhalten, wissen wir natürlich nur durch Rückschlüsse und Konstruktionen, aber ich meine, daß diese Mittel uns ziemlich vertrauenswürdige Auskünfte ergeben haben.

Der Urmensch hat sich in sehr merkwürdiger Weise zum Tode eingestellt. Gar nicht einheitlich, vielmehr recht widerspruchsvoll. Er hat einerseits den Tod ernst genommen, ihn als Aufhebung des Lebens anerkannt und sich seiner in diesem Sinne bedient, anderseits aber auch den Tod geleugnet, ihn zu nichts herabgedrückt. Dieser Widerspruch wurde durch den Umstand ermöglicht, daß er zum Tode des anderen, des Fremden, des Feindes eine radikal andere Stellung einnahm als zu seinem eigenen. Der Tod des anderen war ihm recht, galt ihm als Vernichtung des Verhaßten, und der Urmensch kannte kein Bedenken, ihn herbeizuführen. Er war gewiß ein sehr leidenschaftliches Wesen, grausamer und bösartiger als andere Tiere. Er mordete gerne und wie selbstverständlich. Den Instinkt, der andere Tiere davon abhalten soll, Wesen der gleichen Art zu töten und zu verzehren, brauchen wir ihm nicht zuzuschreiben.

Die Urgeschichte der Menschheit ist denn auch vom Morde erfüllt. Noch heute ist das, was unsere Kinder in der Schule als Weltgeschichte lernen, im wesentlichen eine Reihenfolge von Völkermorden. Das dunkle Schuldgefühl, unter dem die Menschheit seit Urzeiten steht, das sich in manchen Religionen zur Annahme einer Urschuld, einer Erbsünde, verdichtet hat, ist wahrscheinlich der Ausdruck einer Blutschuld, mit welcher sich die urzeitliche Menschheit beladen hat. Ich habe in meinem Buche »*Totem und Tabu*« (1913), den Winken von W. Robertson [346] Smith, Atkinson und Ch. Darwin folgend, die Natur dieser alten Schuld erraten wollen, und meine, daß noch die heutige christliche Lehre uns den Rückschluß auf sie ermöglicht. Wenn Gottes Sohn sein Leben opfern mußte, um die Menschheit von der Erbsünde zu erlösen, so muß nach der Regel der Talion, der Vergeltung durch Gleiches, diese Sünde eine Tötung, ein Mord gewesen sein. Nur dies konnte zu seiner Sühne das Opfer eines Lebens erfordern. Und wenn die Erbsünde ein Verschulden gegen Gott-Vater war, so muß das älteste Verbrechen der Menschheit ein Vatermord gewesen sein, die Tötung des Urvaters der primitiven Menschenhorde, dessen Erinnerungsbild später zur Gottheit verklärt wurde[1].

Der eigene Tod war dem Urmenschen gewiß ebenso unvorstellbar und unwirklich, wie heute noch jedem von uns. Es ergab sich aber für ihn ein Fall, in dem die beiden gegensätzlichen Einstellungen zum Tode zusammenstießen und in Konflikt miteinander gerieten, und dieser Fall wurde sehr bedeutsam und reich an fernwirkenden Folgen. Er ereignete sich, wenn der Urmensch einen seiner Angehörigen sterben sah, sein Weib, sein Kind, seinen Freund, die er sicherlich ähnlich liebte wie wir die unseren, denn die Liebe kann nicht um vieles jünger sein als die Mordlust. Da mußte er in seinem Schmerz die Erfahrung machen, daß man auch selbst sterben könne, und sein ganzes Wesen empörte sich gegen dieses Zugeständnis; jeder dieser Lieben war ja doch ein Stück seines eigenen geliebten Ichs. Anderseits war ihm ein solcher Tod doch auch recht, denn in jeder der geliebten Personen stak auch ein Stück Fremdheit. Das Gesetz der Gefühlsambivalenz, das heute noch unsere Gefühlsbeziehungen zu den von uns [347] geliebtesten Personen beherrscht, galt in Urzeiten gewiß noch uneingeschränkter. Somit waren diese geliebten Verstorbenen doch auch Fremde und Feinde gewesen, die einen Anteil von feindseligen Gefühlen bei ihm hervorgerufen hatten[2].

Die Philosophen haben behauptet, das intellektuelle Rätsel, welches das Bild des Todes dem Urmenschen aufgab, habe sein Nachdenken erzwungen und sei der Ausgang jeder Spekulation geworden. Ich glaube, die Philosophen denken da zu – philosophisch, nehmen zu wenig Rücksicht auf die primär wirksamen Motive. Ich möchte darum die obige Behauptung einschränken und korrigieren: an der Leiche des erschlagenen Feindes wird der Urmensch triumphiert haben, ohne einen Anlaß zu finden, sich den Kopf über die Rätsel des Lebens und des Todes zu zerbrechen. Nicht das intellektuelle Rätsel und nicht jeder Todesfall, sondern der Gefühlskonflikt beim Tode geliebter und dabei doch auch fremder

---

1 Vgl. »Die infantile Wiederkehr des Totemismus« (die letzte Abhandlung in »Totem und Tabu«).
2 Siehe »Totem und Ambivalenz« (die zweite Abhandlung in »Totem und Tabu«).

und gehaßter Personen hat die Forschung der Menschen entbunden. Aus diesem Gefühlskonflikt wurde zunächst die Psychologie geboren. Der Mensch konnte den Tod nicht mehr von sich ferne halten, da er ihn in dem Schmerz um den Verstorbenen verkostet hatte, aber er wollte ihn doch nicht zugestehen, da er sich selbst nicht tot vorstellen konnte. So ließ er sich auf Kompromisse ein, gab den Tod auch für sich zu, bestritt ihm aber die Bedeutung der Lebensvernichtung, wofür ihm beim Tode des Feindes jedes Motiv gefehlt hatte. An der Leiche der geliebten Person ersann er die Geister, und sein Schuldbewußtsein ob der Befriedigung, die der Trauer beigemengt war, bewirkte, daß diese erstgeschaffenen Geister böse Dämonen wurden, vor denen man sich ängstigen mußte. Die Veränderungen des Todes legten ihm die Zerlegung des Individuums in einen Leib und in eine – ursprünglich mehrere – Seelen nahe; in solcher Weise ging sein Gedankengang dem Zersetzungsprozeß, den der Tod einleitet, parallel. Die fortdauernde Erinnerung an den Verstorbenen wurde die Grundlage der Annahme anderer Existenz-*[348]*formen, gab ihm die Idee eines Fortlebens nach dem anscheinenden Tode.

Diese späteren Existenzen waren anfänglich nur Anhängsel an die durch den Tod abgeschlossene, schattenhaft, inhaltsleer und bis in späte Zeiten hinauf geringgeschätzt; sie trugen noch den Charakter kümmerlicher Auskünfte. Wir erinnern, was die Seele des Achilleus dem Odysseus erwidert:

> Denn dich Lebenden einst verehrten wir, gleich den Göttern,
> Argos Söhn'; und jetzo gebietest du mächtig den Geistern,
> Wohnend allhier. Drum laß dich den Tod nicht reuen, Achilleus.
> Also ich selbst; und sogleich antwortet' er, solches erwidernd:
> Nicht mir rede vom Tod ein Trostwort, edler Odysseus!
> Lieber ja wollt' ich das Feld als Tagelöhner bestellen
> Einem dürftigen Mann, ohn' Erb' und eigenen Wohlstand,
> Als die sämtliche Schaar der geschwundenen Toten beherrschen.
> (Odyssee XI v. 484–491)

Oder in der kraftvollen, bitter-parodistischen Fassung von H. *Heine:*

> Der kleinste lebendige Philister
> Zu Stuckert am Neckar, viel glücklicher ist er,
> Als ich, der Pelide, der tote Held,
> Der Schattenfürst in der Unterwelt.

Erst später brachten es die Religionen zustande, diese Nachexistenz für die wertvollere, vollgültige auszugeben und das durch den Tod abgeschlossene Leben zu einer bloßen Vorbereitung herabzudrücken. Es war dann nur konsequent, wenn man auch das Leben in die Vergangenheit verlängerte, die früheren Existenzen, die Seelenwanderung und Wiedergeburt ersann, alles in der Absicht, dem Tod seine Bedeutung als Aufhebung des Lebens zu rauben. So frühzeitig hat die

Verleugnung des Todes, die wir als konventionell-kulturell bezeichnet haben, ihren Anfang genommen.

An der Leiche der geliebten Person entstanden nicht nur die Seelenlehre, der Unsterblichkeitsglaube und eine mächtige Wurzel *[349]* des menschlichen Schuldbewußtseins, sondern auch die ersten ethischen Gebote. Das erste und bedeutsamste Verbot des erwachenden Gewissens lautete: *Du sollst nicht töten.* Es war als die Reaktion gegen die hinter der Trauer versteckte Haßbefriedigung am geliebten Toten gewonnen worden, und wurde allmählich auf den ungeliebten Fremden und endlich auch auf den Feind ausgedehnt.

An letzterer Stelle wird es vom Kulturmenschen nicht mehr verspürt. Wenn das wilde Ringen dieses Krieges seine Entscheidung gefunden hat, wird jeder der siegreichen Kämpfer froh in sein Heim zurückkehren, zu seinem Weib und Kindern, unverweilt und ungestört durch Gedanken an die Feinde, die er im Nahekampf oder durch die fernwirkende Waffe getötet hat. Es ist bemerkenswert, daß sich die primitiven Völker, die noch auf der Erde leben und dem Urmenschen gewiß näher stehen als wir, in diesem Punkte anders verhalten – oder verhalten haben, so lange sie noch nicht den Einfluß unserer Kultur erfahren hatten. Der Wilde – Australier, Buschmann, Feuerländer – ist keineswegs ein reueloser Mörder; wenn er als Sieger vom Kriegspfade heimkehrt, darf er sein Dorf nicht betreten und sein Weib nicht berühren, ehe er seine kriegerischen Mordtaten durch oft langwierige und mühselige Bußen gesühnt hat. Natürlich liegt die Erklärung aus seinem Aberglauben nahe; der Wilde fürchtet noch die Geisterrache der Erschlagenen. Aber die Geister der erschlagenen Feinde sind nichts anderes als der Ausdruck seines bösen Gewissens ob seiner Blutschuld; hinter diesem Aberglauben verbirgt sich ein Stück ethischer Feinfühligkeit, welches uns Kulturmenschen verloren gegangen ist[3].

Fromme Seelen, welche unser Wesen gerne von der Berührung mit Bösem und Gemeinem ferne wissen möchten, werden gewiß nicht versäumen, aus der Frühzeitigkeit und Eindringlichkeit des *[350]* Mordverbotes befriedigende Schlüsse zu ziehen auf die Stärke ethischer Regungen, welche uns eingepflanzt sein müssen. Leider beweist dieses Argument noch mehr für das Gegenteil. Ein so starkes Verbot kann sich nur gegen einen ebenso starken Impuls richten. Was keines Menschen Seele begehrt, braucht man nicht zu verbieten[4], es schließt sich von selbst aus. Gerade die Betonung des Gebotes: Du sollst nicht töten, macht uns sicher, daß wir von einer unendlich langen Generationsreihe von Mördern abstammen, denen die Mordlust, wie vielleicht noch uns selbst, im Blute lag. Die ethischen Strebungen der Menschheit, an deren Stärke und Bedeutsamkeit man nicht zu nörgeln braucht, sind ein Erwerb der Menschengeschichte; in leider sehr

---

3 Siehe »Totem und Tabu«.
4 Vgl. die glänzende Argumentation von *Frazer* (Freud, »Totem und Tabu«).

wechselndem Ausmaße sind sie dann zum ererbten Besitz der heute lebenden Menschen geworden.

Verlassen wir nun den Urmenschen und wenden wir uns dem Unbewußten im eigenen Seelenleben zu. Wir fußen hier ganz auf der Untersuchungsmethode der Psychoanalyse, der einzigen, die in solche Tiefen reicht. Wir fragen: wie verhält sich unser Unbewußtes zum Problem des Todes? Die Antwort muß lauten: fast genau so wie der Urmensch. In dieser wie in vielen anderen Hinsichten lebt der Mensch der Vorzeit ungeändert in unserem Unbewußten fort. Also unser Unbewußtes glaubt nicht an den eigenen Tod, es gebärdet sich wie unsterblich. Was wir unser »Unbewußtes« heißen, die tiefsten, aus Triebregungen bestehenden Schichten unserer Seele, kennt überhaupt nichts Negatives, keine Verneinung – Gegensätze fallen in ihm zusammen – und kennt darum auch nicht den eigenen Tod, dem wir nur einen negativen Inhalt geben können. Dem Todesglauben kommt also nichts Triebhaftes in uns entgegen. Vielleicht ist dies sogar das Geheimnis des Heldentums. Die rationelle Begründung des Heldentums ruht auf dem Urteil, daß das eigene Leben nicht so wertvoll sein *[351]* kann wie gewisse abstrakte und allgemeine Güter. Aber ich meine, häufiger dürfte das instinktive und impulsive Heldentum sein, welches von solcher Motivierung absieht und einfach nach der Zusicherung des *Anzengruber*'schen Steinklopferhanns: *Es kann dir nix g'scheh'n*, den Gefahren trotzt. Oder jene Motivierung dient nur dazu, die Bedenken wegzuräumen, welche die dem Unbewußten entsprechende heldenhafte Reaktion hintanhalten können. Die Todesangst, unter deren Herrschaft wir häufiger stehen, als wir selbst wissen, ist dagegen etwas Sekundäres, und meist aus Schuldbewußtsein hervorgegangen.

Anderseits anerkennen wir den Tod für Fremde und Feinde und verhängen ihn über sie ebenso bereitwillig und unbedenklich wie der Urmensch. Hier zeigt sich freilich ein Unterschied, den man in der Wirklichkeit für entscheidend erklären wird. Unser Unbewußtes führt die Tötung nicht aus, es denkt und wünscht sie bloß. Aber es wäre unrecht, diese *psychische* Realität im Vergleiche zur *faktischen* so ganz zu unterschätzen. Sie ist bedeutsam und folgenschwer genug. Wir beseitigen in unseren unbewußten Regungen täglich und stündlich alle, die uns im Wege stehen, die uns beleidigt und geschädigt haben. Das »Hol' ihn der Teufel«, das sich so häufig in scherzendem Unmut über unsere Lippen drängt, und das eigentlich sagen will: Hol' ihn der Tod, in unserem Unbewußten ist es ernsthafter, kraftvoller Todeswunsch. Ja, unser Unbewußtes mordet selbst für Kleinigkeiten; wie die alte athenische Gesetzgebung des *Drakon* kennt es für Verbrechen keine andere Strafe als den Tod, und dies mit einer gewissen Konsequenz, denn jede Schädigung unseres allmächtigen und selbstherrlichen Ichs ist im Grunde ein *crimen laesae majestatis*.

So sind wir auch selbst, wenn man uns nach unseren unbewußten Wunschregungen beurteilt, wie die Urmenschen eine Rotte von Mördern. Es ist ein Glück, daß alle diese Wünsche nicht die Kraft besitzen, die ihnen die Menschen in Ur-[352]zeiten noch zutrauten[5]; in dem Kreuzfeuer von gegenseitigen Verwünschungen wäre die Menschheit längst zugrunde gegangen, die besten und weisesten der Männer darunter wie die schönsten und holdesten der Frauen.

Mit Aufstellungen wie dieser findet die Psychoanalyse bei den Laien meist keinen Glauben. Man weist sie als Verleumdungen zurück, welche gegen die Versicherungen des Bewußtseins nicht in Betracht kommen, und übersieht geschickt die geringen Anzeichen, durch welche sich auch das Unbewußte dem Bewußtsein zu verraten pflegt. Es ist darum am Platze darauf hinzuweisen, daß viele Denker, die nicht von der Psychoanalyse beeinflußt sein konnten, die Bereitschaft unserer stillen Gedanken, mit Hinwegsetzung über das Mordverbot zu beseitigen, was uns im Wege steht, deutlich genug angeklagt haben. Ich wähle hiefür ein einziges berühmt gewordenes Beispiel an Stelle vieler anderer:

Im »Père Goriot« spielt B a l z a c auf eine Stelle in den Werken J. J. *Rousseaus* an, in welcher dieser Autor den Leser fragt, was er wohl tun würde, wenn er – ohne Paris zu verlassen und natürlich ohne entdeckt zu werden – einen alten Mandarin in Peking durch einen bloßen Willensakt töten könnte, dessen Ableben ihm einen großen Vorteil einbringen müßte. Er läßt erraten, daß er das Leben dieses Würdenträgers für nicht sehr gesichert hält. »*Tuer son mandarin*« ist dann sprichwörtlich worden für diese geheime Bereitschaft auch der heutigen Menschen.

Es gibt auch eine ganze Anzahl von zynischen Witzen und Anekdoten, welche nach derselben Richtung Zeugnis ablegen, wie z. B. die dem Ehemanne zugeschriebene Äußerung: Wenn einer von uns beiden stirbt, übersiedle ich nach Paris. Solche zynische Witze wären nicht möglich, wenn sie nicht eine verleugnete Wahrheit mitzuteilen hätten, zu der man sich nicht bekennen [353] darf, wenn sie ernsthaft und unverhüllt ausgesprochen wird. Im Scherz darf man bekanntlich sogar die Wahrheit sagen.

Wie für den Urmenschen, so ergibt sich auch für unser Unbewußtes ein Fall, in dem die beiden entgegengesetzten Einstellungen gegen den Tod, die eine, welche ihn als Lebensvernichtung anerkennt, und die andere, die ihn als unwirklich verleugnet, zusammenstoßen und in Konflikt geraten. Und dieser Fall ist der nämliche wie in der Urzeit, der Tod oder die Todesgefahr eines unserer Lieben, eines Eltern- oder Gattenteils, eines Geschwisters, Kindes oder lieben Freundes. Diese Lieben sind uns einerseits ein innerer Besitz, Bestandteile unseres eigenen Ichs, anderseits aber auch teilweise Fremde, ja Feinde. Den zärtlichsten und innigsten unserer Liebesbeziehungen hängt mit Ausnahme ganz weniger Situationen ein Stückchen Feindseligkeit an, welches den unbewußten Todeswunsch anregen kann. Aus diesem Ambivalenzkonflikt geht aber nicht wie dereinst die

---

5 Vgl. über »Allmacht der Gedanken« in »Totem und Tabu«.

Seelenlehre und die Ethik hervor, sondern die Neurose, die uns tiefe Einblicke auch in das normale Seelenleben gestattet. Wie häufig haben die psychoanalytisch behandelnden Ärzte mit dem Symptom der überzärtlichen Sorge um das Wohl der Angehörigen oder mit völlig unbegründeten Selbstvorwürfen nach dem Tode einer geliebten Person zu tun gehabt. Das Studium dieser Vorfälle hat ihnen über die Verbreitung und Bedeutung der unbewußten Todeswünsche keinen Zweifel gelassen.

Der Laie empfindet ein außerordentliches Grauen vor dieser Gefühlsmöglichkeit und nimmt diese Abneigung als legitimen Grund zum Unglauben gegen die Behauptungen der Psychoanalyse. Ich meine mit Unrecht. Es wird keine Herabsetzung unseres Liebeslebens beabsichtigt, und es liegt auch keine solche vor. Unserem Verständnis wie unserer Empfindung liegt es freilich ferne, Liebe und Haß in solcher Weise miteinander zu verkoppeln, aber indem die Natur mit diesem Gegensatzpaar arbeitet, bringt sie es zustande, die Liebe immer wach und frisch zu [354] erhalten, um sie gegen den hinter ihr lauernden Haß zu versichern. Man darf sagen, die schönsten Entfaltungen unseres Liebeslebens danken wir der *Reaktion* gegen den feindseligen Impuls, den wir in unserer Brust verspüren.

Resümieren wir nun: unser Unbewußtes ist gegen die Vorstellung des eigenen Todes ebenso unzugänglich, gegen den Fremden ebenso mordlustig, gegen die geliebte Person ebenso zwiespältig (ambivalent) wie der Mensch der Urzeit. Wie weit haben wir uns aber in der konventionell-kulturellen Einstellung gegen den Tod von diesem Urzustand entfernt!

Es ist leicht zu sagen, wie der Krieg in diese Entzweiung eingreift. Er streift uns die späteren Kulturauflagerungen ab und läßt den Urmenschen in uns wieder zum Vorschein kommen. Er zwingt uns wieder, Helden zu sein, die an den eigenen Tod nicht glauben können; er bezeichnet uns die Fremden als Feinde, deren Tod man herbeiführen oder herbeiwünschen soll; er rät uns, uns über den Tod geliebter Personen hinwegzusetzen. Der Krieg ist aber nicht abzuschaffen; solange die Existenzbedingungen der Völker so verschieden und die Abstoßungen unter ihnen so heftig sind, wird es Kriege geben müssen. Da erhebt sich denn die Frage: Sollen wir nicht diejenigen sein, die nachgeben und sich ihm anpassen? Sollen wir nicht zugestehen, daß wir mit unserer kulturellen Einstellung zum Tode psychologisch wieder einmal über unseren Stand gelebt haben, und vielmehr umkehren und die Wahrheit fatieren? Wäre es nicht besser, dem Tod den Platz in der Wirklichkeit und in unseren Gedanken einzuräumen, der ihm gebührt, und unsere unbewußte Einstellung zum Tode, die wir bisher so sorgfältig unterdrückt haben, ein wenig mehr hervorzukehren? Es scheint das keine Höherleistung zu sein, eher ein Rückschritt in manchen Stücken, eine Regression, aber es hat den Vorteil, der Wahrhaftigkeit mehr Rechnung zu tragen und uns das Leben wieder erträglicher zu machen. Das Leben zu ertragen, bleibt ja doch die *[355]* erste Pflicht aller Lebenden. Die Illusion wird wertlos, wenn sie uns darin stört.

Wir erinnern uns des alten Spruches:

Si vis pacem, para bellum.
Wenn du den Frieden erhalten willst, so rüste zum Krieg.

Es wäre zeitgemäß ihn abzuändern:

Si vis vitam, para mortem.
Wenn du das Leben aushalten willst, richte dich auf den Tod ein.

Editorische Vorbemerkung

Erstausgabe: *Wir und der Tod, Vortrag, gehalten in der Sitzung der »Wien« am 16. Februar 1915* von Br. Prof. Dr. Sigmund Freud, in *Zweimonats-Bericht für die Mitglieder der österr. israel. Humanitätsvereine B'nai B'rith*, Hrsg. von Humanitätsverein »Wien« B. B., redigiert von Wilhelm Löwy, Wien, Verlag des israel. Humanitäts-Vereines »Wien« B'nai B'rith, Bd. 18 (1915), Nr. 1, S. 41–51.

Der Text folgt der Ausgabe: Sigmund Freud, *Wir und der Tod*, Hrsg. von Bernd Nitzschke, in *Psyche. Zeitschrift für Psychoanalyse und ihre Anwendungen*, Stuttgart, Klett-Cotta, 45. Jg., Nr. 2, Februar 1991, S. 132–142.

Wir und der Tod (1915)

Würdige Präsidenten und liebe Brüder! Ich bitte Sie, nicht zu glauben, daß ich meinem Vortrag in einer mutwilligen Anwandlung einen so gruseligen Titel gegeben. Ich weiß, daß es viele Menschen gibt, die vom Tode nichts hören wollen, also vielleicht auch unter Ihnen, und wollte es vermeiden, daß diese Brüder in eine für sie peinliche Stunde gelockt würden. Auch hätte ich das andere Stück meines Titels abändern können. Anstatt: »*Wir* und der Tod« könnte es heißen: »*Wir Juden* und der Tod«, denn das Verhältnis zum Tode, das ich vor Ihnen behandeln will, zeigen gerade wir Juden am häufigsten und extremsten.

Sie können sich aber leicht denken, wie ich gerade zur Wahl dieses Themas geleitet worden bin. Es ist eine Folge des schrecklichen Krieges, der in dieser Zeit wütet und uns allen die Orientierung im Leben raubt. Ich glaube gemerkt zu haben, daß obenan unter den hier wirksamen verwirrenden Momenten die Veränderung in unserer Einstellung zum Tode steht.

Welches ist nun unsere Einstellung zum Tode? Ich meine, sie ist sehr merkwürdig. Wir benehmen uns im ganzen so, als wollten wir den Tod aus dem Leben eliminieren; wir wollen ihn sozusagen totschweigen; wir denken an ihn wie – an den Tod! Diese Tendenz kann sich natürlich nicht ungestört durchsetzen. Der Tod macht sich uns doch gelegentlich bemerkbar. Dann sind wir tief erschüttert und wie durch etwas Ungewöhnliches aus unserer Sicherheit gerissen. Wir sagen: »Schrecklich!«, wenn ein verwegener Flieger oder Bergsteiger verunglückt, wenn ein Gerüsteinsturz drei oder vier Arbeiter begräbt, wenn bei einem Fabriksbrand zwanzig Lehrmädchen umkommen oder wenn gar ein Schiff mit einigen Hunderten von Passagieren zugrunde geht. Am meisten ergriffen sind wir, wenn der Tod einen unserer Bekannten betroffen hat; wenn es ein B. B.-Bruder ist, halten wir dann sogar eine Trauersitzung ab. Aber niemand könnte aus unserem Benehmen schließen, daß wir den Tod als eine Notwendigkeit erkennen, daß wir die sichere Überzeugung haben, ein jeder von uns sei der Natur seinen Tod schuldig. Im Gegenteil, wir wissen jedesmal eine Erklärung, welche diese Notwendigkeit zur Zufälligkeit herabrückt. Der eine, der da gestorben ist, hatte sich eine infektiöse Lungenentzündung geholt; die war ja doch nicht notwendig; der andere war schon lange sehr krank, er wußte es nur nicht; ein dritter war ja sehr alt und gebrechlich.[1] Handelt es sich gar um einen von uns, einen Juden, dann müßte man auf die Idee kommen, daß ein Jude überhaupt nie auf natürliche Weise stirbt. Zum mindesten hat ihn ein Doktor verdorben; sonst lebte er wohl heute noch. Es wird zwar zugegeben, daß man endlich sterben muß, aber wir verstehen es, dieses Endlich in unabsehbare Ferne hinauszurücken. Wenn man den Juden fragt, wie alt er ist, so antwortet er gerne: Sechzig (etwa) bis einhundertundzwanzig!

In der psycho-analytischen Schule, die ich, wie Sie wissen, vertrete, ist die Behauptung gewagt worden, daß wir – ein jeder von uns – an den eigenen Tod im Grunde nicht glauben. Er ist uns ja auch unvorstellbar. Bei allen Versuchen, uns auszumalen, wie es nach unserem Tode zugehen, wer uns betrauern wird u. dgl., können wir merken, daß wir eigentlich doch noch als Beobachter dabei sind. Es ist auch wirklich schwierig, dem einzelnen diese Überzeugung beizubringen. Sowie er in die Lage kommt, die entscheidende Erfahrung zu machen, wird er für jeden Beweis unzugänglich.

Mit dem Tode eines andern rechnet, an ihn denkt nur ein harter oder böser Mensch. Weichere und bessere Menschen, wie wir alle, sträuben sich gegen solche Gedanken, besonders dann, wenn uns aus dem Tode des andern ein Vorteil an Freiheit, Stellung, Vermögen erwachsen könnte. Hat sich der Zufall aber doch ereignet, daß der andere gestorben ist, so bewundern wir ihn fast wie einen Helden, der etwas Außerordentliches zustande gebracht. Waren wir ihm feindlich, so versöhnen wir uns mit ihm; wir stellen unsere Kritik gegen ihn ab: De mortuis nil nisi bene, lassen es gerne zu, daß unglaubwürdige Lobpreisungen auf seinen Grabstein geschrieben werden. Völlig wehrlos sind wir aber, wenn der Tod eine der uns teuren Personen, einen Eltern- oder Gattenteil, ein Geschwister, ein Kind oder einen Freund geholt hat. Wir begraben mit ihm unsere Hoffnungen, Ansprüche, Genüsse, lassen uns nicht trösten und weigern uns, den Verlorenen zu ersetzen. Wir benehmen uns dann wie eine Art von *Asra,* welche *mitsterben, wenn die sterben, die sie lieben.*

Dies unser Verhältnis zum Tode hat aber eine starke Wirkung auf unser Leben. Das Leben verarmt, es verliert an Interesse. Unsere Gefühlsbindungen, die unerträgliche Intensität unseres Schmerzes machen uns feige, geneigt, Gefahren zu vermeiden für uns und die unserigen. Wir getrauen uns nicht, eine Anzahl von Unternehmungen in Betracht zu ziehen, die eigentlich unerläßlich sind, wie Flugversuche, Entdeckungsreisen in ferne Länder, Experimente mit explodierbaren Substanzen. Uns lähmt dabei das Bedenken, wer der Mutter den Sohn, der Gattin den Mann, den Kindern den Vater ersetzen soll, wenn ein Unglück geschieht, und doch sind alle diese Unternehmungen notwendig. Sie kennen den

---

1 Dagegen die Mahnung: »On meurt à tout âge« (S.F.).

Wahlspruch der Hansa: *Navigare necesse est, vivere non necesse* (Seefahren muß man, leben muß man nicht). Nehmen Sie dagegen, was eine unserer so charakteristischen jüdischen Anekdoten erzählt, wie der Sohn von einer Leiter herabfällt, bewußtlos liegen bleibt, und die Mutter zum Rabbiner läuft um Rat und Hilfe. Sagen Sie mir, fragt der Rabbi, wie kommt ein jüdisch Kind auf eine Leiter?

Ich sage, das Leben verliert an Gehalt und Interesse, wenn der höchste Einsatz, eben das Leben selbst, in seinen Kämpfen ausgeschlossen ist. Es wird so leer und schal wie ein amerikanischer Flirt, bei dem es von vorneherein feststeht, daß nichts vorfallen darf, zum Unterschied von einer kontinentalen Liebesbeziehung, bei welcher beide Partner der stets lauernden Gefahr eingedenk bleiben müssen. Wir sind genötigt, uns für diese Verarmung des Lebens zu entschädigen, und wenden uns hierfür an die Welt der Fiktion, die Literatur, das Theater. Auf der Bühne finden wir Menschen, die noch zu sterben verstehen, ja auch noch andere töten können. Hier befriedigen wir unseren Wunsch, daß das Leben selbst als ernsthafter Einsatz dem Leben erhalten bleibe, und außerdem noch einen anderen. Wir hätten nämlich gar nichts gegen den Tod, wenn er nicht dem Leben ein Ende machen würde, das wir nur in der Einzahl besitzen. Es ist doch gar zu arg, daß es im Leben so zugehen kann wie im Schachspiel, wo ein einziger falscher Zug uns nötigen kann, die Partie aufzugeben, mit dem Unterschied aber, daß wir keine zweite, keine Revanchepartie beginnen können. Auf dem Gebiet der Fiktion finden wir jene Mehrzahl von Leben, deren wir bedürfen. Wir sterben mit dem einen Helden, überleben ihn aber doch und sterben eventuell ebenso ungeschädigt mit einem zweiten Helden ein anderes Mal.

Was hat nun der Krieg an diesem unseren Verhältnis zum Tod geändert? Sehr viel. Unsere Todeskonventionen, wie ich sagen möchte, sind nun nicht mehr festzuhalten. Der Tod läßt sich nicht mehr übersehen, man muß an ihn glauben. Man stirbt jetzt wirklich, auch nicht mehr einzelne, sondern viele, oft Zehntausende an einem Tag. Er ist auch kein Zufall mehr. Es scheint freilich noch zufällig, ob diese Kugel den einen trifft oder einen anderen, aber die Häufung macht bald dem Eindruck des Zufälligen ein Ende. Das Leben wird so freilich wieder interessant, es hat seinen vollen Inhalt wiederbekommen.

Man müßte hier eine Scheidung in zwei Gruppen vornehmen, diejenigen, die selbst im Kriege stehen und ihr eigenes Leben wagen, von den anderen trennen, die zuhause geblieben sind und nur zu erwarten haben, die ihrigen an den Tod durch Verletzung, Infektion und Krankheit zu verlieren. Es wäre gewiß äußerst interessant, wenn man studieren könnte, welche seelischen Veränderungen das Preisgeben des eigenen Lebens bei den Kämpfenden mit sich bringt. Aber ich weiß nichts darüber; ich gehöre wie Sie alle zur zweiten Gruppe, zu denen, die zuhause geblieben sind und um ihre Teueren zittern dürfen. An mir wie an anderen in der gleichen Lage habe ich den Eindruck gewonnen, daß die Betäubung, die uns befallen hat, die Lähmung unserer Leistungsfähigkeit wesentlich durch einen Umstand bestimmt wird, daß wir unser bisheriges Verhältnis zum Tode nicht mehr aufrechthalten können und eine neue Einstellung zu ihm noch nicht gefunden haben. Vielleicht trägt es nun zu unserer Neuorientierung bei, wenn wir miteinander zwei andere Beziehungen zum Tode untersuchen, jene, die wir dem Urmenschen, dem Menschen der Vorzeit zuschreiben dürfen, und jene andere, die in jedem von uns noch erhalten ist, aber unsichtbar unserem Bewußtsein sich in tieferen Schichten unseres Seelenlebens verbirgt.

Ich habe Ihnen bisher nichts gesagt, liebe Brüder, was Sie nicht ebenso gut wissen und fühlen können wie ich. Ich werde jetzt in die Lage kommen, Ihnen manches zu sagen, was Sie vielleicht nicht wissen, und manches andere, was Sie mir gewiß nicht glauben werden. Ich muß es mir gefallen lassen. Also wie verhielt sich der Mensch der Urzeit zum Tode? Er hat sich gegen den Tod in sehr merkwürdiger Weise eingestellt; gar nicht einheitlich, vielmehr recht widerspruchsvoll. Aber wir werden den Grund dieses Widerspruches bald verstehen. Er hat einerseits den Tod ernst genommen, ihn als Vernichtung des Lebens gelten lassen und sich seiner in diesem Sinne bedient, andererseits ihn geleugnet, zu nichts herabgesetzt. Wie ist das möglich? Es kommt daher, daß er zum Tod des anderen, des Fremden, des Feindes eine radikal andere Stellung einnahm als zu seinem eigenen. Der Tod des anderen war ihm recht, er erfaßte ihn als Vernichtung und brannte darauf, ihn herbeizuführen. Der Urmensch war ein leidenschaftliches Wesen, grausamer und bösartiger als die anderen Tiere. Er wurde von keinem Instinkt davor zurückgehalten, Wesen seiner eigenen Art zu töten und zu verzehren, wie man es von den meisten reißenden Tieren behauptet. Er mordete gerne und wie selbstverständlich.

Die Urgeschichte der Menschheit ist denn auch vom Morde erfüllt. Noch heute ist ja das, was unsere Kinder als Weltgeschichte in der Schule lernen, im wesentlichen eine Reihenfolge von Völkermorden. Das dumpfe Schuldgefühl, unter dem die Menschheit seit Anbeginn steht, das sich in manchen Religionen zur Annahme einer *Urschuld*, einer *Erbsünde*, verdichtet hat, ist sehr wahrscheinlich der Ausdruck einer Blutschuld, welche die Menschen der Urzeit auf sich geladen haben. Wir können noch aus der christlichen Lehre erraten, worin diese Blutschuld bestand. Wenn Gottes Sohn sein Leben opfern mußte, um die Menschheit von der Erbsünde zu erlösen, so war nach der Regel der Talion, der Vergeltung durch Gleiches, diese Sünde eine Tötung, ein Mord. Nur dies konnte zu seiner Sühne das Opfer eines Lebens erfordern. Und wenn die Erbsünde ein Verschulden gegen Gott-Vater war, so muß das älteste Verbrechen der Menschheit ein Vatermord gewesen sein, die Tötung des Urvaters der primitiven Menschenhorde, dessen Erinnerungsbild später zur Gottheit verklärt wurde. In meinem Buche »*Totem und Tabu*« (1913) habe ich mich bemüht, die Beweise für diese Auffassung der Urschuld zu sammeln. Lassen Sie mich übrigens bemerken, daß die Lehre von der Erbsünde keine christliche Neuerung, sondern ein Stück des Urzeitglaubens ist, das sich die längste Zeit in unterirdischen religiösen Strömungen fortgesetzt hatte. Das Judentum hat diese dunklen Erinnerungen der Menschheit sorgfältig zur Seite geschoben und sich vielleicht gerade darum zur Weltreligion disqualifiziert.

Lassen Sie uns zum Urmenschen und zu seinem Verhältnis zum Tode zurückkehren. Wir haben gehört, wie er sich zum Tode des Fremden stellte. Sein eigener Tod war ihm gewiß ebenso unvorstellbar und unwirklich wie heute noch jedem von uns. Es ergab sich aber für ihn ein Fall, in dem die beiden gegensätzlichen Einstellungen zum Tode zusammenstießen und in Konflikt miteinander gerieten, und dieser Fall wurde sehr bedeutsam und reich an fernwirkenden Folgen. Er ereignete sich, wenn der Urmensch einen seiner Angehörigen sterben sah, sein Weib, sein Kind, seinen Freund, die er gewiß ähnlich liebte wie wir die unseren, denn die Liebe ist sicherlich nicht jünger als die Mordlust. Da machte er an sich die Erfahrung, daß man sterbe könne, denn jeder dieser Lieben war doch ein Stück seines eigenen Ichs, aber andererseits war in jeder dieser geliebten Personen doch auch ein Stück Fremdheit. Nach psychologischen Gesetzen, die heute noch gelten und in Urzeiten weit uneingeschränkter geherrscht haben, waren diese Geliebten doch auch gleichzeitig Fremde und Feinde, die einen Anteil von feindseligen Gefühlen bei ihm hervorgerufen hatten.

Die Philosophen haben behauptet, das intellektuelle Rätsel, welches das Bild des Todes dem Urmenschen aufgab, habe sein Nachdenken erzwungen und sei der Ausgang jeder Spekulation geworden. Ich möchte diesen Satz korrigieren und einschränken. Nicht das intellektuelle Rätsel und nicht jeder Todesfall, sondern der Gefühlskonflikt beim Tode geliebter und dabei doch auch fremder und gehaßter Personen hat die Forschung des Menschen entbunden. Aus diesem Gefühlskonflikt wurde zunächst die Psychologie geboren. Der Urmensch konnte den Tod nicht mehr leugnen, er hatte ihn doch in seinem Schmerz partiell an sich erfahren, aber er mochte ihn doch nicht zugestehen, weil er sich selbst nicht tot denken konnte. So ließ er sich auf Kompromisse ein, er gab den Tod zu, aber bestritt, daß er die Lebensvernichtung sei, die er doch seinen Feinden zugedacht hatte. An der Leiche der geliebten Person erfand er die Geister, ersann er die Zerlegung des Individuums in einen Leib und in eine – ursprünglich in mehrere Seelen. In der Erinnerung an den Verstorbenen schuf er sich die Vorstellung anderer Existenzformen, für die der Tod erst der Anfang ist, die Idee eines Fortlebens nach dem anscheinenden Tode. Diese späteren Existenzen waren anfänglich nur Anhängsel an die durch den Tod abgeschlossene, schattenhaft, inhaltsleer und geringgeschätzt, sie trugen noch den Charakter kümmerlicher Auskünfte an sich. Lassen Sie mich Ihnen die Worte vorsagen, in denen unser großer Dichter *Heinrich Heine* – übrigens in voller Übereinstimmung mit dem alten Homer – den toten Achilleus seine Geringschätzung der Totenexistenz ausdrücken läßt:

»Der kleinste lebendige Philister
Zu Stuckert am Neckar
Viel glücklicher ist er
Als ich, der Pelide, der tote Held,
Der Schattenfürst in der Unterwelt.«

Später erst brachten es die Religionen zustande, diese Nachexistenz zur wertvolleren, vollgültigen zu machen und das durch den Tod abgeschlossene Leben zu einer bloßen Vorbereitung herabzudrücken. Es war dann bloß konsequent, wenn man das Leben auch in die Vergangenheit hinein verlängerte, die früheren Existenzen, die Wiedergeburt und Seelenwanderung ersann, alles in der Absicht, dem Tod seine Bedeutung als Aufhebung des Lebens zu rauben. Es ist sehr merkwürdig, daß unsere heiligen Schriften diesem Bedürfnis des Menschen nach einer Garantie seiner Fortexistenz keine Rechnung getragen haben. Es heißt im Gegenteile einmal: »Nur die Lebenden loben Gott.« Ich nehme an, und Sie wissen sicherlich mehr darüber, daß die jüdische Volksreligion und die an die heiligen Schriften anschließende Literatur sich anders zur Unsterblichkeitslehre gestellt haben. Aber ich möchte auch diesen Punkt unter die Momente aufnehmen, welche es der jüdischen Religion unmöglich machten, die anderen antiken Religionen nach deren Verfall zu ersetzen.

An der Leiche der geliebten Person entstanden nicht nur die Seelenlehre und der Unsterblichkeitsglaube, sondern auch das Schuldbewußtsein, die Todesfurcht und die ersten ethischen Gebote. Das Schuldbewußtsein ging aus dem zwiespältigen Gefühl gegen den Verstorbenen hervor, die Todesfurcht aus der Identifizierung mit ihm. Diese letztere war, logisch betrachtet, eine Inkonsequenz, da der Unglaube an den eigenen Tod doch nicht beseitigt wurde. In der Auflösung des Widerspruches sind auch wir modernen Menschen nicht weiter gekommen. Das älteste, noch heute bedeutsamste Gebot der Ethik, das sich damals erhob, lautete: »*Du sollst nicht töten.*« Es war am geliebten Toten gewonnen worden, wurde allmählich auch auf den Ungeliebten, Fremden und endlich auch auf den Feind ausgedehnt.

Ich möchte Ihnen an dieser Stelle von einer sonderbaren Tatsache erzählen. Der Urmensch ist ja in gewissem Sinne noch erhalten, er wird uns durch den primitiven Wilden repräsentiert, der ihm wenigstens am nächsten steht. Sie werden nun geneigt sein anzunehmen, daß dieser Primitive, der wilde Australier, Feuerländer, Buschmann usw., ein reueloser Mörder ist. Aber Sie irren, der Wilde ist in dieser Hinsicht sensitiver als der Zivilisierte, wenigstens so lange er noch nicht dem Einfluß der Zivilisation unterlegen ist. Nach glücklicher Beendigung des jetzt tobenden Weltkrieges werden die siegreichen deutschen Soldaten jeder in sein Heim, zu seinem Weib und seinen Kindern eilen, unverweilt und ungestört durch Gedanken an die Feinde, die sie getötet haben im Nahkampf oder durch fernwirkende Waffen. Aber der wilde Sieger, der vom Kriegspfad heimkehrt, darf sein Dorf nicht betreten und sein Weib nicht sehen, ehe er seine kriegerischen Mordtaten durch oft langwierige und mühselige Bußen gesühnt hat. Sie werden sagen: »Ja, der Wilde ist noch abergläubisch, er fürchtet die Geisterrache der Erschlagenen.« Aber die Geister der erschlagenen Feinde sind nichts anderes als der Ausdruck seines bösen Gewissens ob seiner Blutschuld.

Lassen Sie mich noch einen Moment bei diesem ältesten Gebot der Ethik: »Du sollst nicht töten« verweilen. Seine Frühzeitigkeit wie seine Eindringlichkeit gestatten uns, einen wichtigen Schluß zu ziehen. Man hat die Behauptung aufgestellt, daß ein instinktiver Abscheu vor dem Blutvergießen uns tief eingepflanzt sei. Fromme Seelen glauben es gerne. Nun, wir können leicht die Probe auf diese Behauptung machen. Wir haben ja gute Fälle von solchem instinktiven, vererbten Abscheu zu unserer Verfügung. Lassen Sie sich von mir in einen unserer schönen Kurorte im Süden führen. Dort gibt es Weinberge mit herrlichen Trauben. In diesen Weinbergen kommen auch Schlangen vor, dicke schwarze Schlangen, übrigens völlig harmlose Tiere, Äskulapschlangen genannt. Es gibt in diesen Weinbergen auch Verbottafeln. Wir lesen eine solche und finden auf ihr geschrieben: »Es ist den Kurgästen strengstens verboten, Kopf oder Schwanzende einer Äskulapschlange in den Mund zu stecken.« Nicht wahr, Sie werden sagen: »Ein höchst unsinniges und überflüssiges Verbot. Das fällt ja ohnedies niemandem ein.« Sie haben Recht. Wir lesen auch andere Verbottafeln, auf denen davor gewarnt wird, Trauben abzupflücken. Dieses Verbot werden wir besser gerechtfertigt finden. – Nein, lassen wir uns nicht irre machen. Es gibt bei uns keinen instinktiven Abscheu vor dem Blutvergießen. Wir sind die Nachkommen einer unendlich langen Generationsreihe von Mördern. Die Mordlust steckt uns im Blute und vielleicht werden wir sie bald noch an anderer Stelle aufgespürt haben.

Wir verlassen nun den Urmenschen und wenden uns dem eigenen Seelenleben zu. Sie wissen vielleicht, wir sind im Besitze eines Untersuchungsverfahrens, mit dem wir eruieren können, was in den tiefen Schichten der Seele, versteckt vor dem Bewußtsein, vor sich geht, also einer Art von *Unterseepsychologie*. Wir fragen also: Wie verhält sich unser Unbewußtes zum Problem des Todes? Und nun wird das kommen, was Sie mir nicht glauben werden, obwohl es nicht mehr neu für Sie ist, weil ich es Ihnen eben vorhin geschildert habe. Unser Unbewußtes nimmt zum Tode genau die nämliche Stellung ein wie der Mensch der Vorzeit. In dieser wie in vielen anderen Hinsichten lebt der Urmensch ungeändert in uns fort. Also das Unbewußte in uns glaubt nicht an den eigenen Tod. Es ist gezwungen, sich wie unsterblich zu gebärden. Vielleicht ist dies sogar das Geheimnis des Heldentums. Die rationelle Begründung des Heldentums ruht freilich auf dem Urteil, daß das eigene Leben nicht so wertvoll sein kann wie gewisse andere allgemeine und abstrakte Güter. Aber ich meine, häufiger wird das impulsive oder instinktive Heldentum sein, welches sich so benimmt, als läge eine Garantie in dem bekannten Ausruf des Steinklopferhans: »Es kann dir nix g'scheh'n«, welches also darin besteht, sich einfach dem Unsterblichkeitsglauben des Unbewußten zu überlassen. Die Todesangst, an der wir viel häufiger leiden, als wir wissen, ist ein unlogischer Gegensatz zu dieser Sicherheit. Sie ist übrigens lange nicht so ursprünglich und meist aus Schuldbewußtsein hervorgegangen.

Andererseits anerkennen wir den Tod für Fremde und Feinde und verwenden ihn gegen sie wie der Urmensch. Der Unterschied ist nur, wir führen den Tod nicht wirklich herbei, wir denken und wünschen ihn bloß. Aber wenn Sie diese sogenannte psychische Realität gelten lassen, so können Sie sagen: In unserem Unbewußten sind wir alle noch heute eine Rotte von Mördern. Wir beseitigen in unseren stillen Gedanken alle, die uns im Wege stehen, die uns beleidigt oder geschädigt haben, täglich und stündlich. Das: »Hol' ihn der Teufel«, das sich als schwächliche Interjektion so häufig über unsere Lippen drängt und das ja eigentlich bedeutet: »Hol' ihn der Tod«, ist für unser Unbewußtes kraftvoller Ernst. Ja unser Unbewußtes mordet selbst für Kleinigkeiten; wie die alte athenische Gesetzgebung des *Drakon* kennt es für Verbrechen keine andere Strafe als den Tod, und dies mit einer gewissen Konsequenz, denn jede Schädigung unseres allmächtigen und selbstherrlichen Ichs ist ja im Grunde ein crimen laesae majestatis. Ein wahres Glück, daß alle diese bösen Wünsche keine Macht besitzen. Das Menschengeschlecht wäre sonst längst ausgestorben, nicht die besten und weisesten unter den Männern, nicht die schönsten und holdesten Frauen würden mehr existieren. Nein, lassen wir uns auch hierin nicht irre machen, wir sind immer noch die Mörder, die unsere Vorfahren in Urzeiten waren.

Ich kann Ihnen das alles ruhig sagen, weil ich weiß, daß Sie es ja doch nicht glauben. Sie glauben mehr Ihrem Bewußtsein, das solche Möglichkeiten als Verleumdungen zurückweist. Aber ich kann nicht darauf verzichten, Ihnen vorzuhalten, daß es Dichter und Denker gegeben hat, die nichts von unserer *Psychoanalyse* wußten und doch Ähnliches behauptet haben. Nur ein Beispiel! *J.J. Rousseau* unterbricht sich an einer Stelle seiner Werke – ich konnte nicht mehr ausfindig machen wo – in einer Erörterung, um eine merkwürdige Frage an seine Leser zu richten. »Nehmen Sie an,« sagt er, »in Peking befinde sich ein Mandarin,« – Peking war damals noch viel weiter von Paris als heute – »dessen Ableben Ihnen große Vorteile bringen könnte, und Sie könnten ihn töten, ohne Paris zu verlassen, natürlich ohne Möglichkeit eines Nachweises Ihrer Tat, durch einen bloßen Willensakt. Sind Sie sicher, daß Sie es nicht tun würden?« Nun, ich zweifle nicht, daß unter den lieben Brüdern viele das Recht hätten zu versichern, sie würden es nicht tun. Aber im ganzen möchte ich doch der Mandarin nicht sein, ich glaube, den nimmt keine Lebensversicherungsgesellschaft.

Ich kann Ihnen dieselbe unliebsame Wahrheit auch in einer Form vortragen, in der Sie Ihnen sogar Vergnügen bereiten kann. Ich weiß, Sie hören alle gerne Witze erzählen, und hoffe, Sie haben sich nicht allzuviel mit dem Problem beschäftigt, woher das Wohlgefallen an solchen Witzen rührt. Es gibt eine Gattung von Witzen, die man *zynische* heißt; sie sind nicht die schlechtesten oder kraftlosesten. Ich kann Ihnen verraten, daß es zum Geheimnis dieser Witze gehört, eine versteckte oder verleugnete Wahrheit, die an und für sich beleidigend wirkte, so einzukleiden, daß man sich an ihr sogar erfreuen kann. Durch gewisse formale Veranstaltungen werden Sie zum Lachen gezwungen, wird Ihr Urteil entwaffnet, und dadurch wird die Wahrheit, die Sie sonst verfolgt hätten, vor Ihnen eingeschmuggelt. Sie kennen z. B. die Geschichte von dem Manne, dem in Gesellschaft ein Partezettel überbracht wird, den er ungelesen in die Tasche steckt. Wollen Sie nicht lieber nachsehen, wer da gestorben ist? fragt man ihn. Ach was, ist seine Antwort, mir ist ein jeder recht. Oder die von dem Ehemann, der mit Bezug auf seine Frau sagt: Wenn einer von uns stirbt, übersiedle ich nach Paris. Das sind zynische Witze, und sie wären nicht möglich, wenn sie nicht eine verleugnete Wahrheit mitzuteilen hätten. Im Scherz darf man bekanntlich sogar die Wahrheit sagen.

Meine lieben Brüder! Noch eine volle Übereinstimmung zwischen dem Urmenschen und unserem Unbewußten. Gerade wie dort gibt es auch für unser Unbewußtes den Fall, daß die beiden Strömungen, die eine, die den Tod als Vernichtung anerkennt, und die andere, die ihn als unwirklich verleugnet, zusammenstoßen und in Konflikt geraten. Und dieser Fall ist der nämliche wie in der Urzeit, der Tod oder die Todesgefahr eines unserer Lieben, eines Eltern- oder Gattenteiles, eines Geschwisters, Kindes oder teuren Freundes. Diese Lieben sind uns einerseits ein innerer Besitz, Bestandstücke unseres eigenen Ichs, anderseits aber auch teilweise Fremde, ja Feinde. Den zärtlichsten und innigsten unserer Beziehungen hängt mit Ausnahme ganz weniger Situationen ein Stückchen Feindseligkeit an, welches den unbewußten Todeswunsch anregt. Aus dem Konflikt der beiden Strömungen geht aber nicht mehr die Seelenlehre und die Ethik hervor, sondern die *Neurose*, die uns tiefe Einblicke auch in das normale Seelenleben gestattet. Die Häufigkeit von überzärtlicher Sorge unter Angehörigen und von völlig grundlosen Selbstvorwürfen nach Todesfällen in der Familie hat uns über die Verbreitung und Bedeutung dieser tief versteckten Todeswünsche die Augen geöffnet.

Ich will Ihnen diese Seite des Bildes nicht weiter ausmalen. Sie würden sich wahrscheinlich grausen und zwar mit Unrecht. Die Natur hat es hier wieder einmal geschickter gemacht, als wir es zustande brächten. Wir wären gewiß nicht darauf gekommen, daß es einen Vorteil hat, Liebe und Haß in solcher Weise miteinander zu verkoppeln. Aber indem die Natur mit diesem Gegensatzpaar arbeitet, nötigt sie uns, die Liebe immer wach zu erhalten und zu erneuern, um sie so vor dem hinter ihr lauernden Haß zu sichern. Man darf sagen, die schönsten Entfaltungen des Liebeslebens verdanken wir der *Reaktion* gegen den Stachel der Mordlust, den wir in unserer Brust verspüren.

Resümieren wir nun: Unser Unbewußtes ist gegen die Vorstellung des eigenen Todes ebenso unzugänglich, gegen den Fremden ebenso mordlustig, gegen die geliebte Person ebenso zwiespältig (ambivalent) wie der Mensch der Urzeit. Wie weit haben wir uns aber mit unserer kulturellen Einstellung gegen den Tod von diesem Urzustand entfernt!

Und nun lassen Sie uns nochmals zusehen, was der Krieg mit uns macht. Er streift uns die späteren Kulturauflagerungen ab und läßt den Urmenschen in uns wieder zum Vorschein kommen. Er zwingt uns wieder, Helden zu sein, die an den eigenen Tod nicht glauben wollen, er bezeichnet uns die Fremden als Feinde, deren Tod man herbeiführen oder herbeiwünschen soll, er rät uns, uns über den Tod geliebter Personen hinwegzusetzen. So macht er alle unsere kulturellen Todeskonventionen unhaltbar. Der Krieg ist aber nicht wegzuschaffen. So lange die Verschiedenheiten in den Existenzbedingungen der Völker und die Abstoßungen unter ihnen so große sind, so lange wird es Kriege geben müssen. Da erhebt sich dann die Frage: Sollen wir nicht diejenigen sein, die nachgeben und uns ihm anpassen? Sollen wir nicht zugestehen, daß wir mit unserer kulturellen Einstellung zum Tode psychologisch über unseren Stand gelebt haben, und vielmehr umkehren und die Wahrheit fatieren? Wäre es nicht besser, dem Tod seinen Platz in der Wirklichkeit und in unseren Gedanken einzuräumen, der ihm gebührt, und ein wenig mehr unsere unbewußte Einstellung zum Tode hervorzukehren, die wir bisher so sorgfältig unterdrückt haben? Ich kann Sie dazu nicht auffordern wie zu einer Höherleistung, denn es ist ja eher ein Rückschritt, eine Regression. Aber es wird sicher dazu beitragen, uns das Leben wieder erträglicher zu machen, und das Leben zu ertragen, ist ja die erste Pflicht alles Lebenden. Wir haben in der Schule einen politischen Spruch der alten Lateiner gehört, der lautete: »*Si vis pacem; para bellum.*« Wenn du den Frieden erhalten willst, so rüste zum Krieg. Wir könnten ihn für unsere gegenwärtigen Bedürfnisse abändern:

»Si vis vitam, para mortem.«
Wenn du das Leben aushalten willst, richte dich auf den Tod ein.

Editorische Vorbemerkung

Erstausgabe: Einstein, Albert – Freud, Sigmund, *Warum Krieg? Ein Briefwechsel*, Paris, Internationales Institut für geistige Zusammenarbeit (Institut international de coopération intellectuelle). Völkerbund, 1933, Numerierte Auflage von nur 2000 Ex., 62 S. (Einsteins Brief, S. 11–21; Freuds Brief, S. 25–62).
Gleichzeitig erschienen: *Pourquoi la guerre?*, Übers. v. Blaise Briod, Paris, Institut International de Coopération Intellectuelle (Société de Nations), 1933 (Correspondance, Bd. 2); *Why War?*, Übers. v. Stuart Gilbert, Paris, International Institute of Intellectual Cooperation (League of Nations) – London, George Allen & Unwin, 1933.

Gekürzter Abdruck von S. Freuds Brief an A. Einstein: Freud, Sigmund, »Über Recht, Gewalt und ihre Triebgrundlage«, in *Die psychoanalytische Bewegung*, Heft 5, 1933, S. 207–216.

Neuausgaben:
Einstein, Albert / Freud, Sigmund, *Warum Krieg? Ein Briefwechsel*, Zürich, Diogenes, 2005.
Freud, Sigmund, *Zeitgemäßes über Krieg und Tod; Warum Krieg? Der Briefwechsel mit Albert Einstein,* Hans-Martin Lohmann (Hrsg.), Ditzingen: Reclam, 2012, 2022, S. 45–68.

Albert Einsteins Brief an Sigmund Freud:
Einstein, Albert, *Über den Frieden. Weltordnung oder Weltuntergang?* Hg. v. Otto Nathan und Heinz Norden, Vorwort v. Bertrand Russell (*Einstein on Peace*, New York, Simon and Schuster, 1960; 1. deutsche Ausgabe, Bern: Lang, 1975) Neu Isenburg, Melzer, 2004, S. 204–207.

Sigmund Freuds Brief an Albert Einstein:
Abdrucke in Werkausgaben Sigmund Freuds:
Gesammelte Schriften, Leipzig, Wien, Zürich: Internationaler Psychoanalytischer Verlag, 1924–1934, Bd. 12, S. 347–363.
Gesammelte Werke, Bd. 16, London: Imago Publishing, 1950, S. 13–27.
Studienausgabe, Frankfurt am Main: S. Fischer, 1969–1975, Bd. 9, S. 275–286.

Weitere Ausgabe:
Freud, Sigmund, *Das Unbehagen in der Kultur und andere kulturtheoretische Schriften*, Einl. von Alfred Lorenzer u. Bernard Görlich, Frankfurt am Main: Fischer Taschenbuch, 1994, S. 163–177.

Für die vorliegende Ausgabe wurden der Brief Albert Einsteins aus der Erstausgabe, S. 11–21, und der Brief Sigmund Freuds aus S. Freud, *Gesammelte Werke*, Bd. XVI, *Werke aus den Jahren 1932–1939*, S. 13–27 (*[13]-[27]*) übernommen. Alle Sperrungen wurden in der vorliegenden Ausgabe gemäß den editorischen Grundsätzen der Reihe kursiv gesetzt.

Albert Einstein – Sigmund Freud, *Warum Krieg?* (1933 [1932])

I   **Albert Einstein, offener Brief vom 30. Juli 1932 an Sigmund Freud**

Caputh, bei Potsdam, 30. Juli 1932.
Lieber Herr Freud!
Ich bin glücklich darüber, dass ich durch die Anregung des Völkerbundes und seines Internationalen Instituts für geistige Zusammenarbeit in Paris, in freiem Meinungsaustausch mit einer Person meiner Wahl ein frei gewähltes Problem zu erörtern, eine einzigartige Gelegenheit erhalte, mich mit Ihnen über diejenige Frage zu unterhalten, die mir beim gegenwärtigen Stande der Dinge als die wichtigste der Zivilisation erscheint: Gibt es einen Weg, die Menschen von dem Verhängnis des Krieges zu befreien? Die Einsicht, dass diese Frage durch die Fortschritte der Technik zu einer Existenzfrage für die zivilisierte Menschheit geworden ist, ist ziemlich allgemein durchgedrungen, und trotzdem sind die heissen Bemühungen um ihre Lösung bisher in erschreckendem Masse gescheitert.

Ich glaube, dass auch unter den mit diesem Problem praktisch und beruflich beschäftigten Menschen, aus einem gewissen Gefühl der Ohnmacht heraus, der Wunsch lebendig ist, Personen um ihre Auffassung des Problems zu befragen, die durch ihre gewohnte wissenschaftliche Tätigkeit zu allen Fragen des Lebens eine weitgehende Distanz gewonnen haben. Was mich selber betrifft, so liefert nur die gewohnte Richtung meines Denkens keine Einblicke in die Tiefen des menschlichen Wollens und Fühlens, so dass ich bei dem hier versuchten Meinungsaustausch nicht viel mehr tun kann, als versuchen, die Fragestellung herauszuarbeiten und durch Vorwegnahme der mehr äusserlichen Lösungsversuche Ihnen Gelegenheit zu geben, die Frage vom Standpunkte Ihrer vertieften Kenntnis des menschlichen Trieblebens aus zu beleuchten. Ich vertraue darauf, dass Sie auf Wege der Erziehung werden hinweisen können, die auf einem gewissermassen unpolitischen Wege psychologische Hindernisse zu beseitigen imstande sind, welche der psychologisch Ungeübte wohl ahnt, deren Zusammenhänge und Wandelbarkeit er aber nicht zu beurteilen vermag.

Weil ich selber ein von Affekten nationaler Natur freier Mensch bin, erscheint mir die äussere beziehungsweise organisatorische Seite des Problems einfach: die Staaten schaffen eine legislative und gerichtliche Behörde zur Schlichtung aller zwischen ihnen entstehenden Konflikte. Sie verpflichten sich, sich den von der legislativen Behörde aufgestellten Gesetzen zu unterwerfen, das Gericht in allen Streitfällen anzurufen, sich seinen Entscheidungen bedingungslos zu beugen sowie alle diejenigen Massnahmen durchzuführen, welche das Gericht für die Realisierung seiner Entscheidungen für notwendig erachtet. Hier schon stosse ich auf die erste Schwierigkeit: Ein Gericht ist eine menschliche Einrichtung, die um so mehr geneigt sein dürfte, ihre Entscheidungen ausserrechtlichen Einflüssen zugänglich zu machen, je weniger Macht ihr zur Verfügung steht, ihre Entscheidungen durchzusetzen. Es ist eine Tatsache, mit der man rechnen muss: Recht und Macht sind unzertrennlich verbunden, und die Sprüche eines Rechtsorgans nähern sich umsomehr dem Gerechtigkeitsideal der Gemeinschaft, in deren Namen und Interesse Recht gesprochen wird, je mehr Machtmittel diese Gemeinschaft aufbringen kann, um die Respektierung ihres Gerechtigkeitsideals zu erzwingen. Wir sind aber zurzeit weit davon entfernt, eine überstaatliche Organisation zu besitzen, die ihrem Gericht unbestreitbare Autorität zu verleihen und der Exekution seiner Erkenntnisse absoluten Gehorsam zu erzwingen imstande wäre. So drängt sich mir die erste Feststellung auf: Der Weg zur internationalen Sicherheit führt über den bedingungslosen Verzicht der Staaten auf einen Teil ihrer Handlungsfreiheit beziehungsweise Souveränität, und es dürfte unbezweifelbar sein, dass es einen andern Weg zu dieser Sicherheit nicht gibt.

Ein Blick auf die Erfolglosigkeit der zweifellos ernst gemeinten Bemühungen der letzten Jahrzehnte, dieses Ziel zu erreichen, lässt jeden deutlich fühlen, dass mächtige psychologische Kräfte am Werke sind, die diese Bemühungen paralysieren. Einige dieser Kräfte liegen offen zutage. Das Machtbedürfnis der jeweils herrschenden Schicht eines Staates widersetzt sich einer Einschränkung der Hoheitsrechte desselben. Dieses »politische Machtbedürfnis« wird häufig genährt aus einem materiell-ökonomisch sich äussernden Machtstreben einer andern Schicht. Ich denke hier vornehmlich an die innerhalb jedes Volkes vorhandene kleine, aber entschlossene, sozialen Erwägungen und Hemmungen unzugängliche Gruppe jener Menschen, denen Krieg, Waffenherstellung und -handel, nichts als eine Gelegenheit sind, persönliche Vorteile zu ziehen, den persönlichen Machtbereich zu erweitern.

Diese einfache Feststellung bedeutet aber nur einen ersten Schritt in der Erkenntnis der Zusammenhänge. Es erhebt sich sofort die Frage: Wie ist es möglich, dass die soeben genannte Minderheit die Masse des Volkes ihren

Gelüsten dienstbar machen kann, die durch einen Krieg nur zu leiden und zu verlieren hat. (Wenn ich von der Masse des Volkes spreche, so schliesse ich aus ihr diejenigen nicht aus, die als Soldaten aller Grade den Krieg zum Beruf gemacht haben, in der Überzeugung, dass sie der Verteidigung der höchsten Güter ihres Volkes dienen und dass manchmal die beste Verteidigung der Angriff ist.) Hier scheint die nächstliegende Antwort zu sein: Die Minderheit der jeweils Herrschenden hat vor allem die Schule, die Presse und meistens auch die religiösen Organisationen in ihrer Hand. Durch diese Mittel beherrscht und leitet sie die Gefühle der grossen Masse und macht diese zu ihrem willenlosen Werkzeuge.

Aber auch diese Antwort erschöpft nicht den ganzen Zusammenhang, denn es erhebt sich die Frage: Wie ist es möglich, dass sich die Masse durch die genannten Mittel bis zur Raserei und Selbstaufopferung entflammen lässt? Die Antwort kann nur sein: Im Menschen lebt ein Bedürfnis zu hassen und zu vernichten. Diese Anlage ist in gewöhnlichen Zeiten latent vorhanden und tritt dann nur beim Abnormalen zutage; sie kann aber leicht geweckt und zur Massenpsychose gesteigert werden. Hier scheint das tiefste Problem des ganzen verhängnisvollen Wirkungskomplexes zu stecken. Hier ist die Stelle, die nur der grosse Kenner der menschlichen Triebe beleuchten kann. Dies führt auf eine letzte Frage: Gibt es eine Möglichkeit, die psychische Entwicklung der Menschen so zu leiten, dass sie den Psychosen des Hasses und des Vernichtens gegenüber widerstandsfähiger werden? Ich denke dabei keineswegs nur an die sogenannten Ungebildeten. Nach meinen Lebenserfahrungen ist es vielmehr gerade die sogenannte »Intelligenz«, welche den verhängnisvollen Massensuggestionen am leichtesten unterliegt, weil sie nicht unmittelbar aus dem Erleben zu schöpfen pflegt, sondern auf dem Wege über das bedruckte Papier am bequemsten und vollständigsten zu erfassen ist.

Zum Schluss noch eins: Ich habe bisher nur vom Krieg zwischen Staaten, also von sogenannten internationalen Konflikten gesprochen. Ich bin mir dessen bewusst, dass die menschliche Aggressivität sich auch in anderen Formen und unter anderen Bedingungen betätigt (z. B. Bürgerkrieg, früher aus religiösen, heute aus sozialen Ursachen heraus, Verfolgung von nationalen Minderheiten). Ich habe aber bewusst die repräsentativste und unheilvollste, weil zügelloseste Form des Konfliktes unter menschlichen Gemeinschaften hervorgehoben, weil sich an ihr vielleicht am ehesten demonstrieren lässt, wie sich kriegerische Konflikte vermeiden liessen.

Ich weiss, dass Sie in Ihren Schriften auf alle mit dem uns interessierenden, drängenden Problem zusammenhängenden Fragen teils direkt, teils indirekt geantwortet haben. Es wird aber von grossem Nutzen sein, wenn Sie das Problem der Befriedung der Welt im Lichte Ihrer neuen Erkenntnisse besonders darstellen, da von einer solchen Darstellung fruchtbare Bemühungen ausgehen können.

Freundlichst grüsst Sie
Ihr
A. Einstein.

II Sigmund Freud, *Warum Krieg?*

Wien, im September 1932

[13] Lieber Herr Einstein!
Als ich hörte, daß Sie die Absicht haben, mich zum Gedankenaustausch über ein Thema aufzufordern, dem Sie Ihr Interesse schenken und das Ihnen auch des Interesses Anderer würdig erscheint, stimmte ich bereitwillig zu. Ich erwartete, Sie würden ein Problem an der Grenze des heute Wißbaren wählen, zu dem ein jeder von uns, der Physiker wie der Psycholog, sich seinen besonderen Zugang bahnen könnte, so daß sie sich von verschiedenen Seiten her auf demselben Boden träfen. Sie haben mich dann durch die Fragestellung überrascht, was man tun könne, um das Verhängnis des Krieges von den Menschen abzuwehren. Ich erschrak zunächst unter dem Eindruck meiner – fast hätte ich gesagt: unserer – Inkompetenz, denn das erschien mir als eine praktische Aufgabe, die den Staatsmännern zufällt. Ich verstand dann aber, daß Sie die Frage nicht als Naturforscher und Physiker erhoben haben, sondern als Menschenfreund, der den Anregungen des Völkerbunds gefolgt war, ähnlich wie der Polarforscher *Fridtjof Nansen* es auf sich genommen hatte, den Hungernden und den heimatlosen Opfern des Weltkrieges Hilfe zu bringen. Ich besann mich auch, daß mir nicht zugemutet wird, praktische Vorschläge zu machen, sondern daß ich nur angeben soll, wie sich das Problem der Kriegsverhütung einer psychologischen Betrachtung darstellt.

Aber auch hierüber haben Sie in Ihrem Schreiben das meiste *[14]* gesagt. Sie haben mir gleichsam den Wind aus den Segeln genommen, aber ich fahre gern in Ihrem Kielwasser und bescheide mich damit, alles zu bestätigen, was Sie vorbringen, indem ich es nach meinem besten Wissen – oder Vermuten – breiter ausführe.

Sie beginnen mit dem Verhältnis von Recht und Macht. Das ist gewiß der richtige Ausgangspunkt für unsere Untersuchung. Darf ich das Wort »Macht« durch das grellere, härtere Wort »Gewalt« ersetzen? Recht und Gewalt sind uns heute Gegensätze. Es ist leicht zu zeigen, daß sich das eine aus dem anderen entwickelt hat, und wenn wir auf die Uranfänge zurückgehen und nachsehen, wie das zuerst geschehen ist, so fällt uns die Lösung des Problems mühelos zu.

Entschuldigen Sie mich aber, wenn ich im folgenden allgemein Bekanntes und Anerkanntes erzähle, als ob es neu wäre; der Zusammenhang nötigt mich dazu.

Interessenkonflikte unter den Menschen werden also prinzipiell durch die Anwendung von Gewalt entschieden. So ist es im ganzen Tierreich, von dem der Mensch sich nicht ausschließen sollte; für den Menschen kommen allerdings noch Meinungskonflikte hinzu, die bis zu den höchsten Höhen der Abstraktion reichen und eine andere Technik der Entscheidung zu fordern scheinen. Aber das ist eine spätere Komplikation. Anfänglich, in einer kleinen Menschenhorde, entschied die stärkere Muskelkraft darüber, wem etwas gehören oder wessen Wille zur Ausführung gebracht werden sollte. Muskelkraft verstärkt und ersetzt sich bald durch den Gebrauch von Werkzeugen; es siegt, wer die besseren Waffen hat oder sie geschickter verwendet. Mit der Einführung der Waffe beginnt bereits die geistige Überlegenheit die Stelle der rohen Muskelkraft einzunehmen; die Endabsicht des Kampfes bleibt die nämliche, der eine Teil soll durch die Schädigung, die er erfährt, und durch die Lähmung seiner Kräfte gezwungen werden, seinen Anspruch oder Widerspruch aufzugeben. Dies wird am gründlichsten erreicht, wenn die Gewalt den Gegner dauernd beseitigt, also tötet. Es hat zwei Vorteile, daß er seine Gegnerschaft nicht ein andermal wieder auf-[15]nehmen kann und daß sein Schicksal andere abschreckt, seinem Beispiel zu folgen. Außerdem befriedigt die Tötung des Feindes eine triebhafte Neigung, die später erwähnt werden muß. Der Tötungsabsicht kann sich die Erwägung widersetzen, daß der Feind zu nützlichen Dienstleistungen verwendet werden kann, wenn man ihn eingeschüchtert am Leben läßt. Dann begnügt sich also die Gewalt damit, ihn zu unterwerfen, anstatt ihn zu töten. Es ist der Anfang der Schonung des Feindes, aber der Sieger hat von nun an mit der lauernden Rachsucht des Besiegten zu rechnen, gibt ein Stück seiner eigenen Sicherheit auf.

Das ist also der ursprüngliche Zustand, die Herrschaft der größeren Macht, der rohen oder intellektuell gestützten Gewalt. Wir wissen, dies Regime ist im Laufe der Entwicklung abgeändert worden, es führte ein Weg von der Gewalt zum Recht, aber welcher? Nur ein einziger, meine ich. Er führte über die Tatsache, daß die größere Stärke des Einen wettgemacht werden konnte durch die Vereinigung mehrerer Schwachen. »L'union fait la force.« Gewalt wird gebrochen durch Einigung, die Macht dieser Geeinigten stellt nun das Recht dar im Gegensatz zur Gewalt des Einzelnen. Wir sehen, das Recht ist die Macht einer Gemeinschaft. Es ist noch immer Gewalt, bereit sich gegen jeden Einzelnen zu wenden, der sich ihr widersetzt, arbeitet mit denselben Mitteln, verfolgt dieselben Zwecke; der Unterschied liegt wirklich nur darin, daß es nicht mehr die Gewalt eines Einzelnen ist, die sich durchsetzt, sondern die der Gemeinschaft. Aber damit sich dieser Übergang von der Gewalt zum neuen Recht vollziehe, muß eine psychologische Bedingung erfüllt werden. Die Einigung der Mehreren muß eine beständige, dauerhafte sein. Stellte sie sich nur zum Zweck der Bekämpfung des einen

Übermächtigen her und zerfiele nach seiner Überwältigung, so wäre nichts erreicht. Der nächste, der sich für stärker hält, würde wiederum eine Gewaltherrschaft anstreben, und das Spiel würde sich endlos wiederholen. Die Gemeinschaft muß permanent erhalten werden, *[16]* sich organisieren, Vorschriften schaffen, die den gefürchteten Auflehnungen vorbeugen, Organe bestimmen, die über die Einhaltung der Vorschriften – Gesetze – wachen und die Ausführung der rechtmäßigen Gewaltakte besorgen. In der Anerkennung einer solchen Interessengemeinschaft stellen sich unter den Mitgliedern einer geeinigten Menschengruppe Gefühlsbindungen her, Gemeinschaftsgefühle, in denen ihre eigentliche Stärke beruht.

Damit, denke ich, ist alles Wesentliche bereits gegeben: die Überwindung der Gewalt durch Übertragung der Macht an eine größere Einheit, die durch Gefühlsbindungen ihrer Mitglieder zusammengehalten wird. Alles Weitere sind Ausführungen und Wiederholungen. Die Verhältnisse sind einfach, solange die Gemeinschaft nur aus einer Anzahl gleich starker Individuen besteht. Die Gesetze dieser Vereinigung bestimmen dann, auf welches Maß von persönlicher Freiheit, seine Kraft als Gewalt anzuwenden, der Einzelne verzichten muß, um ein gesichertes Zusammenleben zu ermöglichen. Aber ein solcher Ruhezustand ist nur theoretisch denkbar, in Wirklichkeit kompliziert sich der Sachverhalt dadurch, daß die Gemeinschaft von Anfang an ungleich mächtige Elemente umfaßt, Männer und Frauen, Eltern und Kinder, und bald infolge von Krieg und Unterwerfung Siegreiche und Besiegte, die sich in Herren und Sklaven umsetzen. Das Recht der Gemeinschaft wird dann zum Ausdruck der ungleichen Machtverhältnisse in ihrer Mitte, die Gesetze werden von und für die Herrschenden gemacht werden und den Unterworfenen wenig Rechte einräumen. Von da an gibt es in der Gemeinschaft zwei Quellen von Rechtsunruhe, aber auch von Rechtsfortbildung. Erstens die Versuche Einzelner unter den Herren, sich über die für alle gültigen Einschränkungen zu erheben, also von der Rechtsherrschaft auf die Gewaltherrschaft zurückzugreifen, zweitens die ständigen Bestrebungen der Unterdrückten, sich mehr Macht zu verschaffen und diese Änderungen im Gesetz anerkannt zu sehen, also im Gegenteil vom ungleichen Recht zum gleichen Recht für alle vorzu-*[17]*dringen. Diese letztere Strömung wird besonders bedeutsam werden, wenn sich im Inneren des Gemeinwesens wirklich Verschiebungen der Machtverhältnisse ergeben, wie es infolge mannigfacher historischer Momente geschehen kann. Das Recht kann sich dann allmählich den neuen Machtverhältnissen anpassen, oder, was häufiger geschieht, die herrschende Klasse ist nicht bereit, dieser Änderung Rechnung zu tragen, es kommt zu Auflehnung, Bürgerkrieg, also zur zeitweiligen Aufhebung des Rechts und zu neuen Gewaltproben, nach deren Ausgang eine neue Rechtsordnung eingesetzt wird. Es gibt noch eine andere Quelle der Rechtsänderung, die sich nur in friedlicher Weise äußert, das ist die kulturelle Wandlung der Mitglieder des

Gemeinwesens, aber die gehört in einen Zusammenhang, der erst später berücksichtigt werden kann.

Wir sehen also, auch innerhalb eines Gemeinwesens ist die gewaltsame Erledigung von Interessenkonflikten nicht vermieden worden. Aber die Notwendigkeiten und Gemeinsamkeiten, die sich aus dem Zusammenleben auf demselben Boden ableiten, sind einer raschen Beendigung solcher Kämpfe günstig und die Wahrscheinlichkeit friedlicher Lösungen unter diesen Bedingungen nimmt stetig zu. Ein Blick in die Menschheitsgeschichte zeigt uns aber eine unaufhörliche Reihe von Konflikten zwischen einem Gemeinwesen und einem oder mehreren anderen, zwischen größeren und kleineren Einheiten, Stadtgebieten, Landschaften, Stämmen, Völkern, Reichen, die fast immer durch die Kraftprobe des Krieges entschieden werden. Solche Kriege gehen entweder in Beraubung oder in volle Unterwerfung, Eroberung des einen Teils aus. Man kann die Eroberungskriege nicht einheitlich beurteilen. Manche, wie die der Mongolen und Türken, haben nur Unheil gebracht, andere im Gegenteil zur Umwandlung von Gewalt in Recht beigetragen, indem sie größere Einheiten herstellten, innerhalb deren nun die Möglichkeit der Gewaltanwendung aufgehört hatte und eine neue Rechtsordnung die Konflikte schlichtete. So haben die Eroberungen der Römer den Mittelmeerländern die kostbare pax [18] romana gegeben. Die Vergrößerungslust der französischen Könige hat ein friedlich geeinigtes, blühendes Frankreich geschaffen. So paradox es klingt, man muß doch zugestehen, der Krieg wäre kein ungeeignetes Mittel zur Herstellung des ersehnten »ewigen« Friedens, weil er imstande ist, jene großen Einheiten zu schaffen, innerhalb deren eine starke Zentralgewalt weitere Kriege unmöglich macht. Aber er taugt doch nicht dazu, denn die Erfolge der Eroberung sind in der Regel nicht dauerhaft; die neu geschaffenen Einheiten zerfallen wieder, meist infolge des mangelnden Zusammenhalts der gewaltsam geeinigten Teile. Und außerdem konnte die Eroberung bisher nur partielle Einigungen, wenn auch von größerem Umfang, schaffen, deren Konflikte die gewaltsame Entscheidung erst recht herausforderten. So ergab sich als die Folge all dieser kriegerischen Anstrengungen nur, daß die Menschheit zahlreiche, ja unaufhörliche Kleinkriege gegen seltene, aber umsomehr verheerende Großkriege eintauschte.

Auf unsere Gegenwart angewendet ergibt sich das gleiche Resultat, zu dem Sie auf kürzerem Weg gelangt sind. Eine sichere Verhütung der Kriege ist nur möglich, wenn sich die Menschen zur Einsetzung einer Zentralgewalt einigen, welcher der Richtspruch in allen Interessenkonflikten übertragen wird. Hier sind offenbar zwei Forderungen vereinigt, daß eine solche übergeordnete Instanz geschaffen und daß ihr die erforderliche Macht gegeben werde. Das eine allein würde nicht nützen. Nun ist der Völkerbund als solche Instanz gedacht, aber die andere Bedingung ist nicht erfüllt; der Völkerbund hat keine eigene Macht und kann sie nur bekommen, wenn die Mitglieder der neuen Einigung, die einzelnen

Staaten, sie ihm abtreten. Dazu scheint aber derzeit wenig Aussicht vorhanden. Man stünde der Institution des Völkerbundes nun ganz ohne Verständnis gegenüber, wenn man nicht wüßte, daß hier ein Versuch vorliegt, der in der Geschichte der Menschheit nicht oft – vielleicht noch nie in diesem Maß – gewagt worden ist. Es ist der Versuch, die Autorität, – d. i. den zwingenden Ein-[19]fluß, – die sonst auf dem Besitz der Macht ruht, durch die Berufung auf bestimmte ideelle Einstellungen zu erwerben. Wir haben gehört, was eine Gemeinschaft zusammenhält, sind zwei Dinge: der Zwang der Gewalt und die Gefühlsbindungen – Identifizierungen heißt man sie technisch – der Mitglieder. Fällt das eine Moment weg, so kann möglicherweise das andere die Gemeinschaft aufrecht halten. Jene Ideen haben natürlich nur dann eine Bedeutung, wenn sie wichtigen Gemeinsamkeiten der Mitglieder Ausdruck geben. Es fragt sich dann, wie stark sie sind. Die Geschichte lehrt, daß sie in der Tat ihre Wirkung geübt haben. Die panhellenische Idee z. B., das Bewußtsein, daß man etwas Besseres sei als die umwohnenden Barbaren, das in den Amphiktyonien, den Orakeln und Festspielen so kräftigen Ausdruck fand, war stark genug, um die Sitten der Kriegsführung unter Griechen zu mildern, aber selbstverständlich nicht imstande, kriegerische Streitigkeiten zwischen den Partikeln des Griechenvolkes zu verhüten, ja nicht einmal, um eine Stadt oder einen Städtebund abzuhalten, sich zum Schaden eines Rivalen mit dem Perserfeind zu verbünden. Ebensowenig hat das christliche Gemeingefühl, das doch mächtig genug war, im Renaissancezeitalter christliche Klein- und Großstaaten daran gehindert, in ihren Kriegen miteinander um die Hilfe des Sultans zu werben. Auch in unserer Zeit gibt es keine Idee, der man eine solche einigende Autorität zumuten könnte. Daß die heute die Völker beherrschenden nationalen Ideale zu einer gegenteiligen Wirkung drängen, ist ja allzu deutlich. Es gibt Personen, die vorhersagen, erst das allgemeine Durchdringen der bolschewistischen Denkungsart werde den Kriegen ein Ende machen können, aber von solchem Ziel sind wir heute jedenfalls weit entfernt, und vielleicht wäre es nur nach schrecklichen Bürgerkriegen erreichbar. So scheint es also, daß der Versuch, reale Macht durch die Macht der Ideen zu ersetzen, heute noch zum Fehlschlagen verurteilt ist. Es ist ein Fehler in der Rechnung, wenn man nicht berücksichtigt, daß Recht ursprüng-[20]lich rohe Gewalt war und noch heute der Stützung durch die Gewalt nicht entbehren kann.

Ich kann nun daran gehen, einen anderen Ihrer Sätze zu glossieren. Sie verwundern sich darüber, daß es so leicht ist, die Menschen für den Krieg zu begeistern, und vermuten, daß etwas in ihnen wirksam ist, ein Trieb zum Hassen und Vernichten, der solcher Verhetzung entgegenkommt. Wiederum kann ich Ihnen nur uneingeschränkt beistimmen. Wir glauben an die Existenz eines solchen Triebes und haben uns gerade in den letzten Jahren bemüht, seine Äußerungen zu studieren. Darf ich Ihnen aus diesem Anlaß ein Stück der Trieblehre vortragen, zu der wir in der Psychoanalyse nach vielem Tasten und Schwanken gekommen sind? Wir nehmen an, daß die Triebe des Menschen nur von zweierlei Art sind, entweder solche, die erhalten und vereinigen wollen, – wir heißen sie erotische, ganz im Sinne des Eros im Symposion Platos, oder sexuelle mit bewußter Überdehnung des populären Begriffs von Sexualität, – und andere, die zerstören und töten wollen; wir fassen diese als Aggressionstrieb oder Destruktionstrieb zusammen. Sie sehen, das ist eigentlich nur die theoretische Verklärung des weltbekannten Gegensatzes von Lieben und Hassen, der vielleicht zu der Polarität von Anziehung und Abstoßung eine Urbeziehung unterhält, die auf Ihrem Gebiet eine Rolle spielt. Nun lassen Sie uns nicht zu rasch mit den Wertungen von Gut und Böse einsetzen. Der eine dieser Triebe ist ebenso unerläßlich wie der andere, aus dem Zusammen- und Gegeneinanderwirken der Beiden gehen die Erscheinungen des Lebens hervor. Nun scheint es, daß kaum jemals ein Trieb der einen Art sich isoliert betätigen kann, er ist immer mit einem gewissen Betrag von der anderen Seite verbunden, wie wir sagen: legiert, der sein Ziel modifiziert oder ihm unter Umständen dessen Erreichung erst möglich macht. So ist z. B. der Selbsterhaltungstrieb gewiß erotischer Natur, aber gerade er bedarf der Verfügung über die Aggression, wenn er seine Absicht durchsetzen soll. Ebenso benötigt [21] der auf Objekte gerichtete Liebstrieb eines Zusatzes vom Bemächtigungstrieb, wenn er seines Objekts überhaupt habhaft werden soll. Die Schwierigkeit, die beiden Triebarten in ihren Äußerungen zu isolieren, hat uns ja solange in ihrer Erkenntnis behindert.

Wenn Sie mit mir ein Stück weitergehen wollen, so hören Sie, daß die menschlichen Handlungen noch eine Komplikation von anderer Art erkennen lassen. Ganz selten ist die Handlung das Werk einer einzigen Triebregung, die an und für sich bereits aus Eros und Destruktion zusammengesetzt sein muß. In der Regel müssen mehrere in der gleichen Weise aufgebaute Motive zusammentreffen, um die Handlung zu ermöglichen. Einer Ihrer Fachgenossen hat das bereits gewußt, ein Prof. G. Ch. *Lichtenberg*, der zur Zeit unserer Klassiker in Göttingen Physik lehrte; aber vielleicht war er als Psycholog noch bedeutender denn als Physiker. Er erfand die Motivenrose, indem er sagte: »Die Bewegungsgründe[1] woraus man etwas tut, könnten so wie die 32 Winde geordnet und ihre Namen auf eine ähnliche Art formiert werden, z. B. Brot – Brot – Ruhm oder Ruhm – Ruhm – Brot«. Wenn also die Menschen zum Krieg aufgefordert werden, so mögen eine ganze Anzahl von Motiven in ihnen zustimmend antworten, edle und gemeine, solche, von denen man laut spricht, und andere, die man beschweigt. Wir haben keinen Anlaß, sie alle bloßzulegen. Die Lust an der Aggression und Destruktion ist gewiß darunter; ungezählte Grausamkeiten der Geschichte und des Alltags bekräftigen ihre Existenz und ihre Stärke. Die Verquickung dieser destruktiven Strebungen mit anderen, erotischen und ideellen,

---

1 Wir sagen heute: Beweggründe.

erleichtert natürlich deren Befriedigung. Manchmal haben wir, wenn wir von den Greueltaten der Geschichte hören, den Eindruck, die ideellen Motive hätten den destruktiven Gelüsten nur als Vorwände gedient, andere Male, z. B. bei den Grausamkeiten der heiligen Inquisition, meinen wir, die ideellen Motive hätten sich *[22]* im Bewußtsein vorgedrängt, die destruktiven ihnen eine unbewußte Verstärkung gebracht. Beides ist möglich.

Ich habe Bedenken, Ihr Interesse zu mißbrauchen, das ja der Kriegsverhütung gilt, nicht unseren Theorien. Doch möchte ich noch einen Augenblick bei unserem Destruktionstrieb verweilen, dessen Beliebtheit keineswegs Schritt hält mit seiner Bedeutung. Mit etwas Aufwand von Spekulation sind wir nämlich zu der Auffassung gelangt, daß dieser Trieb innerhalb jedes lebenden Wesens arbeitet und dann das Bestreben hat, es zum Zerfall zu bringen, das Leben zum Zustand der unbelebten Materie zurückzuführen. Er verdiente in allem Ernst den Namen eines Todestriebes, während die erotischen Triebe die Bestrebungen zum Leben repräsentieren. Der Todestrieb wird zum Destruktionstrieb, indem er mit Hilfe besonderer Organe nach außen, gegen die Objekte, gewendet wird. Das Lebewesen bewahrt sozusagen sein eigenes Leben dadurch, daß es fremdes zerstört. Ein Anteil des Todestriebes verbleibt aber im Innern des Lebewesens tätig und wir haben versucht, eine ganze Anzahl von normalen und pathologischen Phänomenen von dieser Verinnerlichung des Destruktionstriebes abzuleiten. Wir haben sogar die Ketzerei begangen, die Entstehung unseres Gewissens durch eine solche Wendung der Aggression nach innen zu erklären. Sie merken, es ist gar nicht so unbedenklich, wenn sich dieser Vorgang in allzu großem Ausmaß vollzieht, es ist direkt ungesund, während die Wendung dieser Triebkräfte zur Destruktion in der Außenwelt das Lebewesen entlastet, wohltuend wirken muß. Das diene zur biologischen Entschuldigung all der häßlichen und gefährlichen Strebungen, gegen die wir ankämpfen. Man muß zugeben, sie sind der Natur näher als unser Widerstand dagegen, für den wir auch noch eine Erklärung finden müssen. Vielleicht haben Sie den Eindruck, unsere Theorien seien eine Art von Mythologie, nicht einmal eine erfreuliche in diesem Fall. Aber läuft nicht jede Naturwissenschaft auf eine solche Art von Mythologie hinaus? Geht es Ihnen heute in der Physik anders?

[23] Aus dem Vorstehenden entnehmen wir für unsere nächsten Zwecke soviel, daß es keine Aussicht hat, die aggressiven Neigungen der Menschen abschaffen zu wollen. Es soll in glücklichen Gegenden der Erde, wo die Natur alles, was der Mensch braucht, überreichlich zur Verfügung stellt, Völkerstämme geben, deren Leben in Sanftmut verläuft, bei denen Zwang und Aggression unbekannt sind. Ich kann es kaum glauben, möchte gern mehr über diese Glücklichen erfahren. Auch die Bolschewisten hoffen, daß sie die menschliche Aggression zum Verschwinden bringen können dadurch, daß sie die Befriedigung der materiellen Bedürfnisse verbürgen und sonst Gleichheit unter den Teilneh-

mern an der Gemeinschaft herstellen. Ich halte das für eine Illusion. Vorläufig sind sie auf das sorgfältigste bewaffnet und halten ihre Anhänger nicht zum mindesten durch den Haß gegen alle Außenstehenden zusammen. Übrigens handelt es sich, wie Sie selbst bemerken, nicht darum, die menschliche Aggressionsneigung völlig zu beseitigen; man kann versuchen, sie so weit abzulenken, daß sie nicht ihren Ausdruck im Kriege finden muß.

Von unserer mythologischen Trieblehre her finden wir leicht eine Formel für die indirekten Wege zur Bekämpfung des Krieges. Wenn die Bereitwilligkeit zum Krieg ein Ausfluß des Destruktionstriebs ist, so liegt es nahe, gegen sie den Gegenspieler dieses Triebes, den Eros, anzurufen. Alles, was Gefühlsbindungen unter den Menschen herstellt, muß dem Krieg entgegenwirken. Diese Bindungen können von zweierlei Art sein. Erstens Beziehungen wie zu einem Liebesobjekt, wenn auch ohne sexuelle Ziele. Die Psychoanalyse braucht sich nicht zu schämen, wenn sie hier von Liebe spricht, denn die Religion sagt dasselbe: Liebe Deinen Nächsten wie Dich selbst. Das ist nun leicht gefordert, aber schwer zu erfüllen. Die andere Art von Gefühlsbindung ist die durch Identifizierung. Alles was bedeutsame Gemeinsamkeiten unter den Menschen herstellt, ruft solche Gemeingefühle, Identifizierungen, hervor. Auf ihnen ruht zum guten Teil der Aufbau der menschlichen Gesellschaft.

[24] Einer Klage von Ihnen über den Mißbrauch der Autorität entnehme ich einen zweiten Wink zur indirekten Bekämpfung der Kriegsneigung. Es ist ein Stück der angeborenen und nicht zu beseitigenden Ungleichheit der Menschen, daß sie in Führer und in Abhängige zerfallen. Die letzteren sind die übergroße Mehrheit, sie bedürfen einer Autorität, welche für sie Entscheidungen fällt, denen sie sich meist bedingungslos unterwerfen. Hier wäre anzuknüpfen, man müßte mehr Sorge als bisher aufwenden, um eine Oberschicht selbständig denkender, der Einschüchterung unzugänglicher, nach Wahrheit ringender Menschen zu erziehen, denen die Lenkung der unselbständigen Massen zufallen würde. Daß die Übergriffe der Staatsgewalten und das Denkverbot der Kirche einer solchen Aufzucht nicht günstig sind, bedarf keines Beweises. Der ideale Zustand wäre natürlich eine Gemeinschaft von Menschen, die ihr Triebleben der Diktatur der Vernunft unterworfen haben. Nichts anderes könnte eine so vollkommene und widerstandsfähige Einigung der Menschen hervorrufen, selbst unter Verzicht auf die Gefühlsbindungen zwischen ihnen. Aber das ist höchst wahrscheinlich eine utopische Hoffnung. Die anderen Wege einer indirekten Verhinderung des Krieges sind gewiß eher gangbar, aber sie versprechen keinen raschen Erfolg. Ungern denkt man an Mühlen, die so langsam mahlen, daß man verhungern könnte, ehe man das Mehl bekommt.

Sie sehen, es kommt nicht viel dabei heraus, wenn man bei dringenden praktischen Aufgaben den weltfremden Theoretiker zu Rate zieht. Besser, man bemüht sich in jedem einzelnen Fall, der Gefahr zu begegnen mit den Mitteln, die eben zur Hand sind. Ich möchte aber noch eine Frage behandeln, die Sie in Ihrem Schreiben nicht aufwerfen und die mich besonders interessiert. Warum empören wir uns so sehr gegen den Krieg, Sie und ich und so viele andere, warum nehmen wir ihn nicht hin wie eine andere der vielen peinlichen Notlagen des Lebens? Er scheint doch naturgemäß, biologisch wohl begründet, praktisch kaum vermeidbar. *[25]* Entsetzen Sie sich nicht über meine Fragestellung. Zum Zweck einer Untersuchung darf man vielleicht die Maske einer Überlegenheit vornehmen, über die man in Wirklichkeit nicht verfügt. Die Antwort wird lauten, weil jeder Mensch ein Recht auf sein eigenes Leben hat, weil der Krieg hoffnungsvolle Menschenleben vernichtet, den einzelnen Menschen in Lagen bringt, die ihn entwürdigen, ihn zwingt, andere zu morden, was er nicht will, kostbare materielle Werte, Ergebnis von Menschenarbeit, zerstört, und anderes mehr. Auch daß der Krieg in seiner gegenwärtigen Gestaltung keine Gelegenheit mehr gibt, das alte heldische Ideal zu erfüllen, und daß ein zukünftiger Krieg infolge der Vervollkommnung der Zerstörungsmittel die Ausrottung eines oder vielleicht beider Gegner bedeuten würde. Das ist alles wahr und scheint so unbestreitbar, daß man sich nur verwundert, wenn das Kriegführen noch nicht durch allgemeine menschliche Übereinkunft verworfen worden ist. Man kann zwar über einzelne dieser Punkte diskutieren. Es ist fraglich, ob die Gemeinschaft nicht auch ein Recht auf das Leben des Einzelnen haben soll; man kann nicht alle Arten von Krieg in gleichem Maß verdammen; solange es Reiche und Nationen gibt, die zur rücksichtslosen Vernichtung anderer bereit sind, müssen diese anderen zum Krieg gerüstet sein. Aber wir wollen über all das rasch hinweggehen, das ist nicht die Diskussion, zu der Sie mich aufgefordert haben. Ich ziele auf etwas anderes hin; ich glaube, der Hauptgrund, weshalb wir uns gegen den Krieg empören, ist, daß wir nicht anders können. Wir sind Pazifisten, weil wir es aus organischen Gründen sein müssen. Wir haben es dann leicht, unsere Einstellung durch Argumente zu rechtfertigen.

Das ist wohl ohne Erklärung nicht zu verstehen. Ich meine das Folgende: Seit unvordenklichen Zeiten zieht sich über die Menschheit der Prozeß der Kulturentwicklung hin. (Ich weiß, andere heißen ihn lieber: Zivilisation.) Diesem Prozeß verdanken wir das Beste, was wir geworden sind, und ein gut Teil von *[26]* dem, woran wir leiden. Seine Anlässe und Anfänge sind dunkel, sein Ausgang ungewiß, einige seiner Charaktere leicht ersichtlich. Vielleicht führt er zum Erlöschen der Menschenart, denn er beeinträchtigt die Sexualfunktion in mehr als einer Weise, und schon heute vermehren sich unkultivierte Rassen und zurückgebliebene Schichten der Bevölkerung stärker als hochkultivierte. Vielleicht ist dieser Prozeß mit der Domestikation gewisser Tierarten vergleichbar; ohne Zweifel bringt er körperliche Veränderungen mit sich; man hat sich noch nicht mit der Vorstellung vertraut gemacht, daß die Kulturentwickelung ein solcher organischer Prozeß sei. Die mit dem Kulturprozeß einhergehenden psychischen

Veränderungen sind auffällig und unzweideutig. Sie bestehen in einer fortschreitenden Verschiebung der Triebziele und Einschränkung der Triebregungen. Sensationen, die unseren Vorahnen lustvoll waren, sind für uns indifferent oder selbst unleidlich geworden; es hat organische Begründungen, wenn unsere ethischen und ästhetischen Idealforderungen sich geändert haben. Von den psychologischen Charakteren der Kultur scheinen zwei die wichtigsten: die Erstarkung des Intellekts, der das Triebleben zu beherrschen beginnt, und die Verinnerlichung der Aggressionsneigung mit all ihren vorteilhaften und gefahrlichen Folgen. Den psychischen Einstellungen, die uns der Kulturprozeß aufnötigt, widerspricht nun der Krieg in der grellsten Weise, darum müssen wir uns gegen ihn empören, wir vertragen ihn einfach nicht mehr, es ist nicht bloß eine intellektuelle und affektive Ablehnung, es ist bei uns Pazifisten eine konstitutionelle Intoleranz, eine Idiosynkrasie gleichsam in äußerster Vergrößerung. Und zwar scheint es, daß die ästhetischen Erniedrigungen des Krieges nicht viel weniger Anteil an unserer Auflehnung haben als seine Grausamkeiten.

Wie lange müssen wir nun warten, bis auch die Anderen Pazifisten werden? Es ist nicht zu sagen, aber vielleicht ist es keine utopische Hoffnung, daß der Einfluß dieser beiden Momente, der *[27]* kulturellen Einstellung und der berechtigten Angst vor den Wirkungen eines Zukunftskrieges, dem Kriegführen in absehbarer Zeit ein Ende setzen wird. Auf welchen Wegen oder Umwegen, können wir nicht erraten. Unterdes dürfen wir uns sagen: Alles, was die Kulturentwicklung fördert, arbeitet auch gegen den Krieg.

Ich grüße Sie herzlich und bitte Sie um Verzeihung, wenn meine Ausführungen Sie enttäuscht haben.

Ihr
Sigm. Freud

Bibliographie

I Schriften von Sigmund Freud (außer *Wir und der Tod, Zeitgemäßes über Krieg und Tod* und *Warum Krieg?*)

[GW = Sigmund Freud, *Gesammelte Werke*, Hrsg. von Anna Freud *et al.*, Bd. I–XVII, London, Imago Publishing, 1940–1952; Frankfurt am Main, S. Fischer, seit 1960. Nachtragsband: *Texte aus den Jahren 1885 bis 1938*, Hrsg. von Angela Richards und Ilse Grubrich-Simitis, Frankfurt am Main, S. Fischer, 1987.]

Abriss der Psychoanalyse (1938), GW XVII, S. 63–138.
Ansprache an die Mitglieder des Vereins B'nai B'rith (1926), GW XVII, S. 51–53.
Brief an Frederik van Eeden (1914–1915), GW, Nachtragsband, S. 697.
Bruchstück einer Hysterie-Analyse (1905), GW V, S. 161–286.
Das Unbehagen in der Kultur (1930), GW XIV, S. 419–506.
Der Dichter und das Phantasieren (1908), GW VII, S. 213–223.
Der Mann Moses und die monotheistische Religion (1939), GW XVI, S. 101–246.
Der Witz und seine Beziehungen zum Unbewussten (1905), GW VI.
Die Kalendereinträge von 1916–1918, Hrsg. und kommentiert von Michael Giefer und Christfried Tögel, Frankfurt am Main-Basel, Stroemfeld, 2016 (Michael Giefer, »Einführung«, S. 7–31).
Die Traumdeutung (1900), GW II/III.
Die Zukunft einer Illusion (1927), GW XIV, S. 323–380.
Ein religiöses Erlebnis (1928), GW XIV, S. 391–396.
Einleitung zu S. Freud und W. C. Bullitt, »Thomas Woodrow Wilson« (1930), GW, Nachtragsband, S. 683–692.
Einleitung zu ›Zur Psychoanalyse der Kriegsneurosen‹ (1919), GW XII, S. 321–324.
Gutachten über die elektrische Behandlung der Kriegsneurotiker (1920), in GW, Nachtragsband, S. 704–710.
Jenseits des Lustprinzips (1920), GW XIII, S. 1–69.
Massenpsychologie und Ich-Analyse (1921), GW XIII, S. 71–161.
Neue Folge der Vorlesungen zur Einführung in die Psychoanalyse (1933), GW XV.
Totem und Tabu (1912–1913), GW IX.
Totem und Tabu, Hrsg. von Herman Westerink, Göttingen, V&R unipress – Vienna University Press, 2013 (Sigmund Freuds Werke. Wiener interdisziplinäre Kommentare, Bd. 1).

Trauer und Melancholie (1916), GW X, S. 427–446.
»Über Recht, Gewalt und ihre Triebgrundlage«, in *Die psychoanalytische Bewegung*, Heft 5, 1933, S. 207–216.
Vergänglichkeit (1915), GW X, S. 357–361.
Zur Einführung des Narzissmus (1914), GW X, S. 137–170.

Briefe

Brief an André Cœuroy vom 23.12.1932, in Editorische Notiz zu *Pourquoi la guerre? (Warum Krieg?)*, S. Freud, *Œuvres complètes. Psychanalyse*, Hrsg. von Jean Laplanche et al., Bd. XIX (1931–1936), S. 63.
Briefe 1873–1939, Hrsg. von Ernst und Lucie Freud, Frankfurt am Main, S. Fischer, 3. Aufl. 1980.
Jugendbriefe an Eduard Silberstein 1871–1881, Hrsg. von Walter Boehlich, Frankfurt am Main, S. Fischer, 1989.
Unterdess halten wir zusammen. Briefe an die Kinder, Hrsg. von Michael Schröter, Berlin, Aufbau, 2010.
Freud, Sigmund / Karl Abraham, *Briefe 1907–1926*, Hrsg. von Hilda C. Abraham und Ernst L. Freud, Frankfurt am Main, S. Fischer (1965), 2. Aufl. 1981.
Freud, Sigmund / Karl Abraham, *Briefwechsel 1907–1925*, Hrsg. von Ernst Falzeder und Ludger M. Hermanns, Wien, Turia & Kant, 2009.
Freud, Sigmund / Lou Andreas-Salomé, *Briefwechsel*, Hrsg. von Ernst Pfeiffer, Frankfurt am Main, S. Fischer (1866), 2. Aufl. 1980.
Freud, Sigmund / Sándor Ferenczi, *Briefwechsel*, Hrsg. unter der wiss. Leitung von André Haynal, Wien-Köln-Weimar, Böhlau, Bd. II/1: 1914–1916, 1996; Bd. III/2: 1925–1933, 2005.

II Literatur zum Kommentar

Adorno, Theodor W. *Erziehung nach Auschwitz*, in Adorno, *Erziehung zur Mündigkeit, Vorträge und Gespräche mit Hellmuth Becker 1959–1969*, Hrsg. von Gerd Kadelbach. Frankfurt am Main 1970, S. 92–109.
Agard, Olivier; Beßlich, Barbara (Hrsg.), *Krieg für die Kultur? Une guerre pour la civilisation? Intellektuelle Legitimationsversuche des Ersten Weltkriegs in Deutschland und Frankreich (1914–1918)*, Berlin-Bern-Brüssel, etc. Peter Lang, 2018 (Schriften zur politischen Kultur der Weimarer Republik, Bd. 19).
Anz, Thomas, »Psychoanalytische Transformationen antiker Emotionstheorien. Zu Sigmund Freuds Kriegsschriften«, in *Freud und die Antike*, Hrsg. von Claudia Benthien, Hartmut Böhme, Inge Stephan, Göttingen, Wallstein, 2011, S. 187–201.
Aristoteles, *Politik*, übers. von J. H. v. Kirchmann, Leipzig, Dürr'sche Buchhandlung, 1880.
Ashkenazi, Ofer, »Reframing the Interwar Peace Movement: The Curious Case of Albert Einstein«, in *Journal of Contemporary History*, Oktober 2011, Bd. 46, Nr. 4, S. 741–766.

Assoun, Paul-Laurent, »Pulsion de destruction et mort en acte. Clinique du sujet en guerre«, in *La clinique lacanienne*, 2016/1 (Nr. 27), S. 85–110.

Assoun, Paul-Laurent, »Inconscient anthropologique et anthropologie de l'inconscient. Freud anthropologue«, in Revue du MAUSS, 2011/1, n° 37, p. 71–87. https://www.cairn.info/revue-du-mauss-2011-1-page-71.htm.

Benhaim, David, »Freud: guerre et *Kultur*«, in *Variations. Revue internationale de théorie critique,* [Online], 11 | 2008, http://journals.openedition.org/variations/269.

Bru, Sascha; Buse, Peter, »Making Psychoanalysis New: Freud, Print Culture, and Modernism«, in *Modernism/modernity*, Bd. 30, Nr. 2, April 2023, S. 397–419.

C. S., »Krieg, Sadismus und Pazifismus«, in *Die Psychoanalytische Bewegung*, Bd. 5, 1933, Heft 6, S. 527–531.

Civilisations: Orient-Occident, Génie du Nord-Latinité. Lettres de Henri Focillon, Gilbert Murray, Josef Strzygowski, Rabindranath Tagore, Paris, Institut International de Coopération Intellectuelle (Société des Nations), 1935; *East and West*. Letters of…, Paris, International Institute of Intellectual Cooperation (League of Nations), 1935.

Clark, Christopher, *Die Schlafwandler. Wie Europa in den Ersten Weltkrieg zog*, Übers. von Norbert Juraschitz, München, Deutsche Verlags-Anstalt, 2013 (*The Sleepwalkers. How Europe Went to War in 1914*, London, Allen Lane, 2012).

Clausewitz, Carl von, *Vom Kriege*, hrsg. von Werner Hahlweg, Bonn, Dümmler, [1]1980, 19. Aufl. 1991.

Coblence, Françoise, »Freud et la guerre«, in *Arts et Sociétés*, Nr. 62, 2014, https://www.sciencespo.fr/artsetsocietes/fr/archives/1184.

Crépon, Marc, und de Launay, Marc, Einleitung zu Sigmund Freud, *Anthropologie de la guerre,* mit einem Nachwort von Alain Badiou, Paris, Fayard, 2010 (Einleitung, S. 7–74; Nachwort, S. 357–370).

Cumin, David, »Freud et la guerre«, in *Philosophiques*, vol. 35, Nr. 2, Herbst 2008, S. 393–417, https://id.erudit.org/iderudit/000435ar.

Das Land Goethes, 1914–1916: ein vaterländisches Gedenkbuch, Hrsg. vom Berliner Goethebund, Schriftleitung I. Landau und Eugen Zabel, Stuttgart-Berlin, Deutsche Verlags-Anstalt, 1916 (Albert Einstein, [Beitrag ohne Überschrift], S. 30; Sigmund Freud, *Vergänglichkeit,* S. 37f.).

David, Christophe, Vorwort zu Albert Einstein – Sigmund Freud, *Pourquoi la guerre?*, Paris, Payot & Rivages (Rivages Poche), 2005, S. 7–30.

Delon, Michel, »De Diderot à Balzac, le paradoxe du mandarin«, in *Revue italienne d'études françaises*, 3, 2013, http://journals.openedition.org/rief/248.

Demaegdt, Christophe, »Traumatisme et travail dans l'étiologie des névroses de guerre«, in *Travailler. Revue internationale de psychopathologie et de psychodynamique du travail*, 2015, Nr. 33, S. 59–88.

Derrida, Jacques, *Seelenstände der Psychoanalyse. Das Unmögliche jenseits einer souveränen Grausamkeit*, Suhrkamp, 2002 (*États d'âme de la psychanalyse. L'impossible au-delà d'une souveraine cruauté*, Paris, Galilée, 2000).

Diatkine, Gilbert, »La dictature de la raison«, in *Revue française de psychanalyse,* 2016/1, Bd. 80 (»Pourquoi la guerre?«), S. 54–64.

Douville, Olivier, »Des psychanalystes sous la Première Guerre mondiale: de la névrose traumatique à la folie traumatique«, in *Bulletin de psychologie*, 2014/3, Nr. 531, S. 237–251.

Ebrecht-Laermann, Angelika, »Von der Kriegsneurosen- zur Antisemitismusforschung. Ernst Simmel und die Diskussion um die Psychoanalyse der Kriegsneurosen im Ersten Weltkrieg«, in *Kriegstaumel und Pazifismus. Jüdische Intellektuelle im Ersten Weltkrieg*, Hrsg. v. Hans Richard Brittnacher u. Irmela von der Lühe, Frankfurt am Main, Peter Lang, 2016 ((Berliner Beiträge zur Literatur- und Kulturgeschichte, Bd. 19), S. 237–251.

Einstein, Albert; *Über den Frieden. Weltordnung oder Weltuntergang?* Hrsg. von Otto Nathan und Heinz Norden, Vorwort von Bertrand Russell (*Einstein on Peace*, New York, Simon and Schuster, 1960; 1. dt. Ausgabe, Bern, Lang, 1975), Neu Isenburg, Melzer, 2004.

Eissler, Kurt Robert, *Freud und Wagner-Jauregg vor der Kommission zur Erhebung militärischer Pflichtverletzungen*, Wien, Löcker, 1979.

L'Esprit, l'éthique et la guerre. Lettres de Johan Bojer, Johan Huizinga, Aldous Huxley, André Maurois, Robert Waelder, Paris, Institut International de Coopération Intellectuelle (Société des Nations), 1934.

Fenichel, Otto, »Psychoanalyse und Gesellschaftswissenschaften« (1938), in *Psyche*, 35/11 (1981), S. 1055–1071.

Fenichel, Otto, »Über Psychoanalyse, Krieg und Frieden« (*Internationales Ärztliches Bulletin* (Prag), Bd. 2, 1935, Nr. 2–3, S. 30–40), in O. Fenichel, *Psychoanalyse und Gesellschaft, Aufsätze*, Frankfurt am Main, 1972, S. 132–146.

Fischer, Karsten, *»Verwilderte Selbsterhaltung«: zivilisationskritische Kulturkritik bei Nietzsche, Freud, Weber und Adorno*, Berlin, Akademie Verlag, 1999.

Fritz, Kurt von, *Platon in Sizilien und das Problem der Philosophenherrschaft*, Berlin, Walter de Gruyter, 1968.

Gay, Peter, *Freud. A Life for Our Time*, New York-London, Norton, 1988.

Glover, Edward, *War, Sadism & Pacifism. Three Essays*, London, George Allen & Unwin, 1933 [»War, Sadism and Pacifism«; »A Postscript on Masochism«; »The Problem of Prevention«; »An Outline of Research«].

Gómez Mango, Edmundo, *Un muet dans la langue*, Paris, Gallimard, 2009.

Gomperz, Theodor, *Griechische Denker. Eine Geschichte der antiken Philosophie*, Leipzig, Veit & Comp., Bd. 1, 1896; Bd. 2, 1902; Bd. 3; 1909.

Guttman, S. A., »Robert Waelder and the Application of Psychoanalytical Principles to Social and Political Phenomena«, in *Journal of the American Psychoanalytic Association*, Bd. 34, Nr. 4, 1986, S. 835–862.

Hajdu, János, »Albert Einstein (1879–1955). Pazifismus ohne Wenn und Aber«, in *Wider den Krieg. Große Pazifisten von Kant bis Böll*, Hrsg. von Christiane Rajewsky und Dieter Riesenberger, München, C. H. Beck (Beck'sche Reihe, Bd. 322), 1987, S. 257–274.

Haubl, Rolf, »Die Macht von Illusionen. *Zeitgemäßes über Krieg und Tod*«, in *Freud neu entdecken. Ausgewählte Lektüren*, Hrsg. von Rolf Haubl und Tilmann Habermas, Göttingen, Vandenhoeck & Ruprecht, 2008, S. 13–42.

Himmelmann, Beatrix, »Nietzsches Anthropologie des produktiven Antagonismus«, in *Internationales Jahrbuch für philosophische Anthropologie*, 7 (1), 2017, S. 3–16.

Humboldt, Wilhelm von, »Über den Charakter der Griechen«, in Wilhelm von Humboldt, *Werke in fünf Bänden*, hg. v. Andreas Flitner und Klaus Giel, Darmstadt, Wissenschaftliche Buchgesellschaft, ⁵2002, Bd. 2: *Schriften zur Altertumskunde und Ästhetik*, S. 64–72.

Jones, Ernest, »War and Individual Psychology«, in *Sociological Review*, Juli 1915, Bd. 8, Nr. 3, S. 167–180.

Jünger, Ernst, *Der Frontsoldat und die Wilhelminische Zeit* (*Die Standarte*, 20.9.1925), in E. Jünger, *Politische Publizistik 1919 bis 1933*, Hrsg. von Sven Olaf Berggötz, Stuttgart, Klett-Cotta 2001, S. 78–85.

Jünger, Ernst, *In Stahlgewittern*, Historisch-kritische Ausgabe, Hrsg. von Helmuth Kiesel, Stuttgart, Klett-Cotta, 2013 (2 Bde).

Kahn, Laurence, »L'intérêt et la désillusion«, in *L'Écrit du temps*, Nr. 16, Herbst 1987, S. 29–49.

Kant, Immanuel, *Zum ewigen Frieden. Ein philosophischer Entwurf* (1795); *Der Streit der Fakultäten* (1798), in Kant, *Werke in zehn Bänden*, Hrsg. von Wilhelm Weischedel, Bd. 9: *Schriften zur Anthropologie, Geschichtsphilosophie, Politik und Pädagogik I*, Darmstadt, Wissenschaftliche Buchgesellschaft, 1975, S. 195–251; S. 261–393.

Keegan, John, *A History of Warfare*, New York 1993; dt.: *Die Kultur des Krieges*, Berlin, Rowohlt, 1995; Tb.-Ausg. Reinbek bei Hamburg, Rowohlt, 1997.

Kettner, Matthias, »Psychoanalyse als Kulturanalyse«, in *Handbuch der Kulturwissenschaften*, Hrsg. von Friedrich Jaeger und Jürgen Straub, Bd. 2: *Paradigmen und Disziplinen*, Stuttgart Weimar, J. B. Metzler, 2004, S. 592–601.

Kiesel, Helmuth, »Anmerkungen zum Charakter von Ernst Jüngers Kriegsbuch *In Stahlgewittern*«, in *Études germaniques*, Bd. 70 (2015), Nr. 3 (Juli-Sept.), p. 503–515.

Klein, Dennis B., *Jewish Origins of the Psychoanalytic Movement* (New York, Praeger, 1981), Chicago-London, University of Chicago Press, 1985.

König, Helmut, »Norbert Elias und Sigmund Freud: Der Prozeß der Zivilisation«, in *Leviathan*, Bd. 21, Nr. 2, 1993, S. 205–221.

Kraus, Karl, »Klarstellung«, in *Die Fackel*, Nr. 554–556, November 1920, S. 1–5.

Leupold-Löwenthal, Harald, »*Warum Krieg? Sechzig Jahre später*«, in Inge Scholz-Strasser (Hrsg.), *Aggression und Krieg*, Wien, Turia & Kant, 1994, S. 168–184.

Liber amicorum Romain Rolland, Hrsg. von Maxim Gorki, Georges Duhamel, Stefan Zweig, Zürich, Rotapfel, 1926 (Albert Einsteins Grußwort, S. 143f.; Sigmund Freuds Grußwort, S. 152).

Lohmann, Hans-Martin, »Schriften zum Thema Krieg und Tod«, in *Freud Handbuch. Leben – Werk – Wirkung*, Stuttgart-Weimar, J. B. Metzler, 2013, S. 187–192.

Losurdo, Domenico, »La communauté et la mort : la culture allemande devant la première guerre mondiale«, *Germanica*, Nr. 8, 1990, http://journals.openedition.org/germanica /2427.

McCall, Tom, »Society – »A Gang of Murderers«: Freud on Hostility and War, *Common Knowledge*«, Volume 12, Issue 2, Spring 2006, pp. 261–278.

Merker, Anne, »La guerre, le plus grand agôn. Réflexions sur la guerre chez Platon et Nietzsche«, in *Critique*, Juni-Juli 2023, Nr. 913–914, S. 469–486.

Mitscherlich, Alexander, »Psychoanalyse und die Aggression großer Gruppen«, in Psyche, 25. Jg., Juni 1971, Heft 6/7, S. 463–475.

Mosse, George L., »Der Erste Weltkrieg und die Brutalisierung der Politik. Betrachtungen über die politische Rechte, den Rassismus und den deutschen Sonderweg«, in Manfred Funke, Hans-Adolf Jacobsen, Hans-Helmuth Knütter, Hans-Peter Schwarz (Hrsg.), *Demokratie und Diktatur. Geist und Gestalt politischer Herrschaft in Deutschland und Europa*. Festschrift für Karl Dietrich Bracher, Düsseldorf, Droste 1987, S. 127–140.

Mosse, George L., »The Brutalization of German Politics«, in G. L. Mosse, *Fallen Soldiers. Reshaping the Memory oft the World Wars,* New York-Oxford, Oxford University Press, 1990, S. 159–181.

Muñoz, Pedro; Correia, Sílvia, »The Great War and the Fifth International Psychoanalytic Congress in Budapest: Psychoanalysis in the 1910s«, *Historia Crítica* [Online], 84 | 2022, http://journals.openedition.org/histcrit/277.

Nietzsche, Friedrich (KSA = Friedrich Nietzsche, *Sämtliche Werke. Kritische Studienausgabe in 15 Bänden,* Hrsg. von Giorgio Colli und Mazzino Montinari, München, DTV-Berlin, de Gruyter, 1980), *Die Geburt der Tragödie. Unzeitgemäße Betrachtungen. Nachgelassene Schriften 1870–1873,* in KSA, Bd. 1.

Nietzsche, Friedrich, *Morgenröte. Die fröhliche Wissenschaft,* in KSA, Bd. 3.

Nitzschke, Bernd, »Freuds Vortrag vor dem Israelitischen Humanitätsverein »Wien« des Ordens B'nai B'rith: Wir und der Tod (1915). Ein wiedergefundenes Dokument«, in *Psyche. Zeitschrift für Psychoanalyse und ihre Anwendungen,* 45. Jg., Nr. 2, Februar 1991, S. 97-131.

Nitzschke, Bernd, »Wir und der Tod«. Ein (wiederentdeckter) Vortrag Freuds aus dem Jahr 1915, in *Wir und der Tod. Essays über Sigmund Freuds Leben und Werk,* Göttingen-Zürich, Vandenhoeck & Ruprecht, 1996 (Sammlung Vandenhoeck, Bd. 75), S. 117–148.

Nowosadtko, Jutta, »Gewalt – Gesellschaft – Kultur«: Ein Ersatz für »Krieg – Staat – Politik«? in *Zeithistorische Forschungen/Studies in Contemporary History,* 2 (2005), S. 90–94.

Paret, Peter, »Einstein and Freud's Pamphlet Why War?«, In *Historically Speaking,* Bd. 6, Nr. 6, Juli/August 2005, S. 14–19.

Pfoser, Alfred, »Die Verächter der Demokratie, von Schnitzler über Freud bis Musil«, in *Wiener Zeitung,* 18. März 2023.

Platon, *Der Staat,* Hrsg. und übers. von Otto Apelt (Platon, *Sämtliche Dialoge,* Hamburg, Meiner, 1993, Bd. 5; Nachdruck der Ausgabe Leipzig, Meiner, 1923).

Platon, *Die Gesetze,* übers. von Franz Susemihl, Stuttgart, 1862–1863.

Popper, Karl R., *Die offene Gesellschaft und ihre Feinde,* Bd. 1, *Der Zauber Platons,* übers. v. Paul K. Feyerabend, Bern, Francke, 1957 (*The Open Society an Its Enemies,* 1, *The Spell of Plato,* London, Routledge,1945).

Pour une société des esprits. Lettres de Henri Focillon, Salvador de Madariaga, Gilbert Murray, Miguel Ozorio de Almeida, Alfonso Reyes, Tsaî Yuan Peï, Paul Valéry, Paris, Institut International de Coopération Intellectuelle (Société des Nations), 1933; *A League of Minds.* Letters of Henri Focillon..., Paris, International Institute for Intellectual Cooperation (League of Nations), 1933.

Rolland, Romain, *Au-dessus de la mêlée* [*Über dem Schlachtgetümmel*], Hrsg. von Bernard Duchatelet, Paris, Payot & Rivages, 2013.

Rolland, Romain / Stefan Zweig, *Briefwechsel 1910–1940,* Hrsg. von Waltraud Schwarze, übers. von Eva u. Gerhard Schewe (Briefe Rollands) u. Christel Gersch (Briefe Zweigs), Berlin, Rütten & Loening, 1987, Bd. 2, *1924–1940.*

Scheideler, Britta, »Albert Einstein in der Weimarer Republik. Demokratisches und elitäres Denken im Widerspruch«, in *Vierteljahreshefte für Zeitgeschichte,* Jg. 53, 2005, H. 3, S. 381-419.

Schmid Noerr, Gunzelin, »Zur Kritik des Freudschen Kulturbegriffs«, in *Psyche,* 47 Jg., 1993, H. 4 (April), S. 325–343.

Schur, Max, *Sigmund Freud – Leben und Sterben*, Frankfurt am Main, Suhrkamp, 1973.
Simmel, Ernst, *Kriegs-Neurosen und »Psychisches Trauma«. Ihre gegenseitigen Beziehungen dargestellt auf Grund psychoanalytischer, hypnotischer Studien*, München-Leipzig, Nemnich, 1918.
Steiner, Riccardo, »Erste Versuche britischer Psychoanalytiker, die gesellschaftspolitischen Probleme ihrer Zeit zu analysieren«, in *Jahrbuch der Psychoanalyse*, Bd. 78, 2019, S. 211–256.
Tögel, Christfried, »Freud als Unterzeichner von Aufrufen« (9.3.2019. 32. Symposion zur Geschichte der Psychoanalyse in Berlin), http://www.freud-biographik.de/Freud%20als%20Unterzeichner%20von%20Aufrufen.pdf.
Tögel, Christfried, »Freud, Einstein und das Institut für geistige Zusammenarbeit in Paris. Kommentierte Briefe zur Vorgeschichte des Briefwechsels *Warum Krieg?*«, in *Jahrbuch für Psychoanalyse*, Bd. 58, 2009, S. 81–110.
Ungelenk, Johannes, »Etwas nimmt seinen Anfang, weil es um sein Ende (nicht) weiß. Freud und der Flirt«, in *RISS. Zeitschrift für Psychoanalyse* 90, S. 104–118.
Unterkircher, Anton, »›Es kann dir nix gschehn‹. Notizen zu einem Spruch aus Anzengrubers *Kreuzelschreibern*«, in *Mitteilungen aus dem Brenner-Archiv*, Nr. 24–25, 2005–2006, S. 73–79.
Vanier, Alain, »Droit et violence. Freud et Benjamin«, in *La clinique lacanienne*, 2016/1, Nr. 27, S. 23–36.
Vernant, Jean-Pierre, »Introduction« zu *Problèmes de la guerre en Grèce ancienne*, Hrsg. von J.-P. Vernant, Paris, Seuil-EHESS (^{1}1968), 1999, S. 11–38.
Wälder, Robert, »Ätiologie und Verlauf der Massenpsychosen: Mit einem soziologischen Anhang: Über die geschichtliche Situation der Gegenwart«, in *Imago. Zeitschrift für psychoanalytische Psychologie, ihre Grenzgebiete und Anwendungen*, 1935, Bd. 21, S. 67–82.
Wälder (Waelder), Robert, *Psychological Aspects of War and Peace*, Genf, Geneva Research Center, 1939 (Geneva Studies, Bd. 10, Nr. 2), 56 S.
Walzer, Michael, *Just and Unjust Wars. A Moral Argument with Historical Illustrations*, New York, Basic Books, 1977, ^{2}1992, ^{3}2000.
Weiss, Edoardo, »Meine Erinnerungen an Sigmund Freud«, in *Sigmund Freud – Edoardo Weiss, Briefe zur psychoanalytischen Praxis*, Einleitung von Martin Grotjahn, Frankfurt a. M. S. Fischer, 1973, S. 15–37.
Westerink, Herman, Kommentar zu Sigmund Freud, *Totem und Tabu*, Göttingen, V&R unipress – Vienna University Press, 2013 (Sigmund Freuds Werke. Wiener interdisziplinäre Kommentare, Bd. 1), S. 9–53.
Wünsch, Danielle und Wiss, Emmanuelle, »Einstein et la Commission internationale de coopération intellectuelle«, in *Revue d'histoire des sciences*, 2004, Bd. 57, Nr. 2 (Juli–Dezember), S. 509–520.
Zapperi, Roberto, *Freud und Mussolini*, Übers. von Ingeborg Walter, Berlin, Berenberg, 2016 (*Freud e Mussolini. La psicoanalisi in Italia durante il regime fascista*, Milano, F. Angeli, 2013).
Zaretsky, Eli, *Psychoanalyse und politische Bewegungen. Eine Geschichte für das 21. Jahrhundert*, deutsche Übers. von Elisabeth Vorspohl, Frankfurt am Main, Bandes & Apsel, 2021 (*Political Freud: A History*, New York, Columbia University Press, 2017).

Zepf, Siegfried, »Trauma, Reizschutz und traumatische Neurose. Versuch einer Klärung der Konzepte Freuds«, in *Forum der Psychoanalyse*, 2001, Bd. 17, S. 332-349.

Zur Psychoanalyse der Kriegsneurosen, Leipzig-Wien, Internationaler Psychoanalytischer Verlag (Internationale Psychoanalytische Bibliothek, Nr. 1), 1919.

Zweig, Stefan, »Die moralische Entgiftung Europas«, in St. Zweig, *Zeiten und Schicksale. Aufsätze und Vorträge aus den Jahren 1902-1942*, Hrsg. von Knut Beck, Frankfurt am Main, S. Fischer, 1990 (Gesammelte Werke in Einzelbänden), S. 40-56.

Rainer über Freud

Seit seiner Jugend beschäftigt sich Arnulf Rainer, einer der bedeutendsten österreichischen Künstler der Gegenwart, mit den Schriften Sigmund Freuds, vor allem mit der Traumdeutung. Für das Freud-Jahr 2006 schuf Rainer einen Zyklus, mit dem er »Freud ins Gesicht blicken will«. Dazu wählte er 27 Portraits aus den verschiedenen Lebensphasen Freuds aus, die er übermalte. Enthüllen – Verdecken – Bloßlegen – Verdeutlichen – Vertiefen sind künstlerische Parallelverfahren zum analytischen Prozess, den Freud in seinen Schriften entwickelte und formulierte. Damit bietet Rainer einen neuen Blick auf den Begründer der Psychoanalyse. Die Bilder waren u. a. im Rahmen einer Ausstellung im Wiener Sigmund-Freud-Museum 2006/2007 zu sehen. Rainer hat diese Bilder nun den Herausgeber:innen der Reihe zur Gestaltung der Einbände zur Verfügung gestellt.